BEI GRIN MACHT SICH
WISSEN BEZAHLT

Bibliografische Information der Deutschen Nationalbibliothek:

Die Deutsche Bibliothek verzeichnet diese Publikation in der Deutschen National-
bibliografie; detaillierte bibliografische Daten sind im Internet über http://dnb.d-
nb.de/ abrufbar.

Impressum:

Copyright © 2017 GRIN Verlag, Open Publishing GmbH
Druck und Bindung: Books on Demand GmbH, Norderstedt Germany
ISBN: 9783668558366

Dieses Buch bei GRIN:

http://www.grin.com/de/e-book/378554/ethik-und-wirtschaft

Grabau-Stiftung (Hrsg.)

Ethik und Wirtschaft

Wissenschaftliche Schriftenreihe: Band 7

GRIN Verlag

GRIN - Your knowledge has value

Der GRIN Verlag publiziert seit 1998 wissenschaftliche Arbeiten von Studenten, Hochschullehrern und anderen Akademikern als eBook und gedrucktes Buch. Die Verlagswebsite www.grin.com ist die ideale Plattform zur Veröffentlichung von Hausarbeiten, Abschlussarbeiten, wissenschaftlichen Aufsätzen, Dissertationen und Fachbüchern.

Besuchen Sie uns im Internet:

http://www.grin.com/

http://www.facebook.com/grincom

http://www.twitter.com/grin_com

Grabau-Stiftung (Hrsg.)

Ethik und Wirtschaft

Wissenschaftliche Schriftenreihe: Band 7

Schriftenreihe der Fritz & Renate Grabau Stiftung

Die Fritz und Renate Grabau Stiftung dient der Förderung von Wissenschaft, Forschung und Bildung, Kunst und Kultur sowie der Völkerverständigung. Die Förderung erfolgt durch die Pflege der internationalen und wissenschaftlichen Zusammenarbeit und die Vermittlung eines umfassenden Deutschlandbildes durch Informationen und Veranstaltungen über das kulturelle, wissenschaftliche, gesellschaftliche und politische Leben. Die Förderung richtet sich an den kulturellen und wissenschaftlichen Nachwuchs, der als Multiplikator auf allen gesellschaftlichen Ebenen dem Satzungszweck dienlich sein kann.

Die Stiftung fördert im Rahmen ihrer satzungsmäßigen Ziele, ihrer Förderrichtlinien und ihrer finanziellen Möglichkeiten internationale Projekte von Einzelpersonen, Instituten/ Initiativen und gemeinnützigen Vereinen, die der Förderung von Wissenschaft, Forschung und Bildung, der Förderung von Kunst und Kultur sowie der Völkerverständigung dienen.

Zusammen mit dem GRIN Verlag gibt die Grabau Stiftung die vorliegende Schriftenreihe heraus. Diese greift aktuelle und grundlegende Themen auf und legt sie in vertiefender und zugleich allgemein verständlicher Form dar. Sie leistet damit einen Beitrag zur Diskussion von politischen und sozialen, wirtschaftlichen und kulturellen Grundsatzfragen.

Redaktion der Schriftenreihe
Prof. Dr. Irina Hundt
Maybachstraße 1
06112 Halle/Saale

Inhaltsverzeichnis

Ethik und Wirtschaft

2

Vorwort - Preface

Ich bin sehr stolz darauf, den geneigten Lesern das vorliegende Kompendium mit Artikeln von Wissenschaftlern aus den verschiedensten Bereichen der Betriebswirtschaft zu präsentieren. Die zu Grunde liegenden Beiträge entstammen der Feder einer Reihe von Fachleuten aus Usbekistan, Irak, Russland, Jordanien und Deutschland. Das Thema des nun vorliegenden Sammelbandes wird seit langem diskutiert: Moral und Ethik in Wirtschaft und Gesellschaft. Wirtschaftsethik beinhaltet die Integration ethischer Prinzipien wie Nachhaltigkeit und soziale Gerechtigkeit in wirtschaftliches Handeln. Konkrete Antworten auf konkrete Handlungsprobleme können nur in der Praxis und mit der Praxis gefunden werden. Die Denkmodelle der Wirtschaftsethik werden diskutiert und mögliche Konzepte wirtschaftsethischen Handelns aufgezeigt. Reine Gewinn- oder Renditemaximierung sind keine nachhaltigen Unternehmensziele, sie sind allenfalls unter existenzsichernden Nebenbedingungen sinnvoll. Ethik ist eine solche Nebenbedingung, denn ethisches Handeln ist immer auch nachhaltiges Handeln.

Ein Unternehmen, das Ethik mitdenkt, wird ein Unternehmen sein, das sich anpassungsfähig im Markt bewegt, Bedürfnisse schneller erkennt und so neue, kreative Produkte entwickelt. Der gedankliche Rollentausch ist nicht nur Wurzel unserer Moral, sondern auch Wurzel für Innovationen. So wird Ethik bei einem glaubwürdigen Unternehmen tatsächlich zum Erfolgsfaktor. Es könnte sich als Paradoxon der Wirtschaftsethik erweisen: Den Erfolg aus ethischem Handeln erntet der, der nicht um des Erfolges willen ethisch handelt. Ein neues ökonomisches Prinzip könnte lauten: Maximiere den Gewinn unter Einhaltung definierter ethischer Mindeststandards, oder: Maximiere die ethischen Werte deiner Tätigkeit unter Beachtung eines unternehmenserhaltenden Mindestgewinnes. Ein Unternehmen lebt von den moralischen Grundlagen seiner Bezugsgruppen, davon, dass es motivierte Mitarbeiter, loyale Kunden, zuverlässige Lieferanten und wohlwollende Beziehungen zu Behörden, Anleger, Medien hat. Unternehmerische Freiheit erfordert gesellschaftliche Akzeptanz. Unverantwortliche Gewinnerzielung entzieht den Unternehmen diese Akzeptanz. Das würde auf allen Märkten, sei es Arbeitsmarkt, Absatzmarkt, Kapitalmarkt, Probleme bereiten. Dennoch werden sich auch bei der idealen integrativen Unternehmensethik im Alltag Konflikte zwischen Erfolg und Ethik ergeben.[1]

Die Fertigstellung der gedruckten Beitragssammlung hat sich über einen längeren Zeitraum erstreckt, da einzelne Autoren nicht die Zeit fanden, ihre Beiträge zu überarbeiten und für den Druck fertig zu stellen. Umso mehr freut es den Herausgeber, dass nunmehr die Druckfassung vorliegt und somit der wissenschaftlichen Diskussion zu diesem hochaktuellen Thema neue Impulse verliehen werden.

Ich hoffe, dass es in Zukunft noch viele Gelegenheiten für einen intensiven wissenschaftlichen Meinungsaustausch zwischen den beteiligten Ländern geben wird. Für Rückfragen steht der Unterzeichnende gerne zur Verfügung.

Halle, im September 2017

Prof. Dr. Fritz-René Grabau
Vorsitzender der Fritz & Renate Grabau Stiftung

---

[1] Vgl. Ortmanns, W. „Wirtschaftsethik – Ethik in der Marktwirtschaft" in Ethik im Mittelstand, S. 27,28, Springer Verlag 2016

26 Jahre Einheit – gemeinsame Unternehmenswerte in der Bundesrepublik Deutschland?

Ausgangslage und Methodik

Dr. Christiane Al Ghanem
Kristin Hartig

Im Rahmen einer Master-Thesis[2] beschäftigten wir uns mit ausgewählten Themen der Wirtschaftspsychologie beim Generationenübergang in Familienunternehmen der neuen Bundesländer und stellten einen Vergleich mit veröffentlichten Forschungsergebnissen in der „alten" Bundesrepublik her. Die Autorin selbst befindet sich mitten im Übernahmestadium eines kleinen Familienunternehmens von ihrem Vater, der dieses 1990 gründete. Ziel der Darstellung war es, neben einem allgemeinen Überblick des Generationenübergangs auch ausgewählte wirtschaftspsychologische Aspekte zu betrachten. Zur Ergebnisfindung wurden über die regionalen IHKs validierte Fragebögen zu folgenden Themen versandt und anschließend ausgewertet.

1. Zeitraum zwischen Einstieg ins Unternehmen und Übernahme alleiniger Verantwortung in Jahren

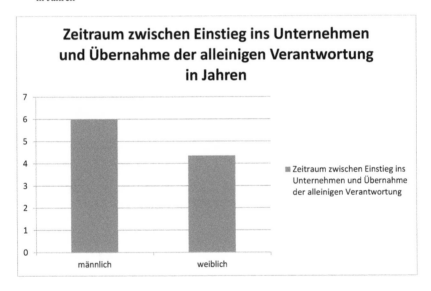

---

[2] Kristin Hartig: Ausgewählte wirtschaftspsychologische Schwerpunkte beim Generationsübergang in Familienunternehmen der neuen Bundesländer / veröffentlicht als Masterarbeit an der FOM Leipzig 31.01.2016

2. Empfinden der Kommunikation der Beteiligten im Rahmen des Generationenübergangs

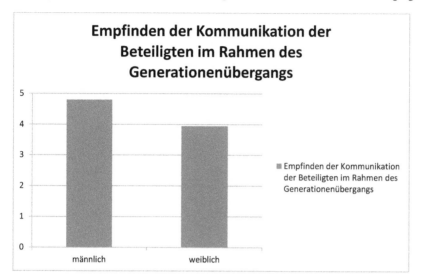

3. Einschätzung zur Konflikthäufigkeit

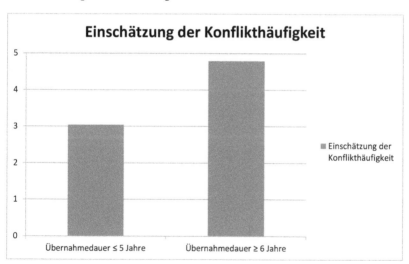

4. Einschätzung der eigenen Führungskompetenzen

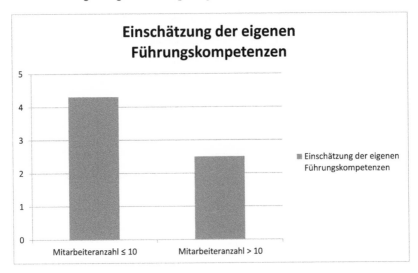

5. Unterstützungswunsch (Stressempfinden)

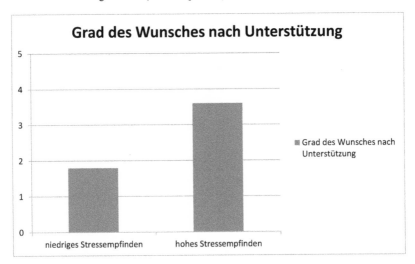

Insgesamt beteiligten sich 40 Unternehmen an der Befragung. Im Ergebnis und Auswertung der Testbögen entwickelte die Autorin darüber hinaus unterstützende Personalentwicklungs-maßnahmen.

Situation in den neuen Bundesländern

Seit 03.10.1990 zählen die ehemaligen 14 Bezirke der DDR zu den neuen Bundesländern der Bundesrepublik Deutschland. Fraglich ist, ob es auf Grund der historischen Entwicklung noch heute Unterschiede zwischen den neuen und alten Bundesländern gibt, die Unternehmen nachhaltig beeinflussen oder inzwischen eine gemeinsame Wertestruktur existiert. Einige wirtschaftliche Aspekte, wie Infrastruktur, Unternehmensstandort, Ausbildung und Fachkräfteressourcen in den neuen Bundesländern müssen zur Beurteilung herangezogen werden.

Es wird eingeschätzt, dass die Infrastruktur weitestgehend erneuert und die Lücken in der technischen und sozialen Infrastruktur sogar teilweise über dem Niveau der übrigen Bundesrepublik liegen. Neue Unternehmen sind entstanden, darunter viele mittelständische Familienunternehmen, ehemalige Staatsbetriebe wurden privatisiert. Kleinere Firmen mit bis zu zehn Mitarbeitern haben dabei häufig das Problem Forschungsvorhaben zu finanzieren, Risiken zu diversifizieren und stoßen an Grenzen bei der Gewinnung und Bezahlung von Fachkräften. Tendenziell gab es gut ausgebildete Fachkräfte in der ehemaligen DDR, viele zogen nach der Wiedervereinigung weg, das Bruttoeinkommen bleibt auch nach 26 Jahren Einheit unter dem Bundesdurchschnitt. Schließlich sei nicht unerwähnt, dass vergleichbare Großunternehmen in den neuen Bundesländern unterrepräsentiert sind und damit Innovations- und Kooperationsprozesse noch lange nicht den durchschnittlichen Standard in der BRD erreicht haben.

Insgesamt aber können keine signifikanten Unterschiede zwischen den alten und neuen Bundesländern gemessen werden, die Ausschlag auf unterschiedliche Wertesysteme haben.

Die Frauen

Klare Unterschiede gibt es allerdings zwischen Frauen in den alten und neuen Bundesländern. Der Ursprung geht dabei bereits auf die Teilung Deutschlands zurück. Bereits am 07.10.1949 wurde in Artikel 7 der Verfassung der ehemaligen DDR festgehalten, dass Männer und Frauen gleichberechtigt sind. Auch in der Bundesrepublik Deutschland wurde dieser Satz – nach erfolgreichem Ankämpfen gegen große Widerstände – im Grundgesetz verankert. Während in der ehemaligen DDR über 90 Prozent aller Frauen auch berufstätig waren, war die gesellschaftliche Rolle der Frau in der alten BRD eher die der Hausfrau und Mutter.

25 Jahre nach Wiedervereinigung lassen sich gemäß dem Institut für Arbeitsmarkt und Berufsforschung Nürnberg immer noch kulturelle Unterschiede des Frauenbildes feststellen, die sich schließlich auch auf dem Arbeitsmarkt wiederspiegeln. So sind in den neuen Bundesländern in der ersten Führungsebene 30 Prozent weibliche Führungskräfte zu finden, während es in den alten Bundesländern nur 24 Prozent sind. In der zweiten Führungseben beträgt der Unterschied sogar über zehn Prozent zugunsten der neuen Bundesländer. Damit haben sich natürlich auch ungleiche Wertesysteme im Genderverhalten in den Bundesländern manifestiert.

Wertesystem in den Unternehmen

Deutschland insgesamt steckt in einem demografischen Wandel, von dem auch der Mittelstand betroffen ist. Der Anteil der über 55-jährigen Unternehmensinhaber ist auf 35 Prozent gestiegen. Zu wenig junge Unternehmensnachfolger rücken nach. Gemäß dem KfW Mittelstandspanels 2014 nimmt mit steigendem Alter des Inhabers die Investitionsbereitschaft ab. Gerade in den neuen Bundesländern steht das Thema Nachfolge und Neuinvestitionen 26 Jahre nach der Einheit systembedingt an.

Bis zum Jahr 2017 planen 580.000 mittelständische Unternehmen in Deutschland eine Firmenübergabe oder einen –verkauf. Das entspricht 16 Prozent des gesamten Mittelstandes.

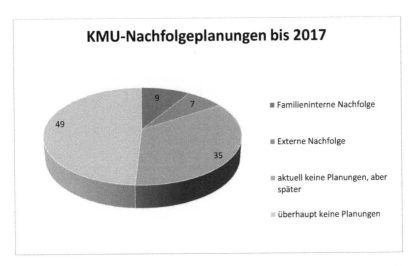

KMU-Nachfolgeplanungen bis 2017

- Familieninterne Nachfolge
- Externe Nachfolge
- aktuell keine Planungen, aber später
- überhaupt keine Planungen

Gemäß dem KfW Mittelstandspanel wollen neun Prozent der Unternehmen die Nachfolge familienintern regeln. Die Kinder sollen übernehmen.
Das natürliche Spannungsverhältnis zwischen Unternehmen und Unternehmerfamilie wird auch bestimmt durch die Bedürfnisse und Werte der Mitarbeiter.

Ein Familienunternehmen ist an ein Wertemanagement geknüpft, welches den Zusammenhalt der Familie und die Haltung der Mitarbeiter ergibt. Diese Werte werden bewusst und unbewusst im Unternehmen gelebt. Daraus entsteht eine Unternehmenskultur mit dem Ziel, über Generationen hinweg Werte zu generieren. Die Rolle der Großfamilie, als die sich ein Familienunternehmen versteht, vollzieht sich momentan einem Wandel. Sicherheit, Geborgenheit und Verpflichtung werden mehr und mehr durch die Individualisierung der Gesellschaft verdrängt. Wichtiger sind nun die Selbstentfaltung und Bestätigung in der Familie.

Eine 2009 veröffentlichte Studie zu kulturellen Profilen ost- und westdeutscher Lehrer im Vergleich[3] zeigt valide Unterschiede hinsichtlich der Skala Kollektivismus und Machtdistanz. Demnach sind kollektivistische Einstellungen und damit auch eine gelebte Distanz zum Lehrer / Schüler in den ostdeutschen Bundesländern immer noch messbar, ganz im Unterschied zur eher individualistischen Kulturausprägung in den alten Bundesländern. Es wird darüber hinaus ein Bezug zur Führungskräftekultur in den Unternehmen der untersuchten Bundesländer hergestellt, die gleiche Ergebnisse auch unter Verweis auf ähnliche Studien aufzeigen.

---

[3] Schlingensiepen / Trempler / Ringeisen: Die kontextspezifische Erfassung kultureller Profile nach Hofstede; Pilotierung eines Kurzfragebogens für Lehrer, veröffentlicht in der online-Zeitschrift für interkulturelle Studien / Jahrgang 8 / Ausgabe 9

„Leben im Osten", das ist der Titel einer Sonderbeilage, die am 02.10.2014 in insgesamt 15 ostdeutschen Tageszeitungen erschien und eine vom Institut für Demoskopie Allensbach geführte Studie zum Wertewandel im Osten Deutschland veröffentlicht. Dafür wurden rund 1.500 Ostdeutsche sowie rund 1.000 Westdeutsche zu ihren Einstellungen und Lebenserwartungen befragt.[4]

Demnach sieht sich jeder zweite Ostdeutsche als Gewinner der Wiedervereinigung. Hinsichtlich Wichtigkeit sozialer Beziehungen und Familie stehen Ost und West auf einer gleichen Werteskala.

Deutliche Unterschiede ergeben sich allerdings in Bezug auf infrastrukturelle Probleme wie Arbeitsplätze und medizinische Versorgung. Das im Westen für gleiche Arbeit nach wie vor besser bezahlt wird, lässt viele junge Fachkräfte auch 26 Jahre nach dem Fall der Mauer abwandern. Diese Studie bestätigt auch die Ergebnisse dieser Master Thesis hinsichtlich besonderer Herausforderungen in den neuen Bundesländern bei der Übergabe von Familienunternehmen. Gleiche Lebensziele, nämlich gute berufliche Perspektiven zu haben, können aber keine Grundlage für ebenso gleiche Wertestrukturen in Familienunternehmen sein. Offensichtlich müssen Familienunternehmen im Osten noch mehr auf „alte" bewährte kollektivistisch geprägten Kulturdimensionen setzen, um über die Familie (das Unternehmen) Sicherheit zu bieten. Das deckt sich mit einer aktuellen Studie aus 2016. Ostdeutsche Tageszeitungen haben die o.g. Umfrage wiederholt und mit einer Sonderbeilage am 19.11.2016 veröffentlicht.[5]

Neben einer überwiegend optimistischen Zukunftsstimmung sind die Sorgen wegen Fachkräftepotenzial noch allgegenwärtig. Ein familienfreundliches Umfeld und ein kollektivistisches Grunddenken in Familienunternehmen werden als besonderes Merkmal ostdeutscher Mittelstandsunternehmen dieser Entwicklung entgegengesetzt.
Ethische oder auch werteorientierte Führung in einem Unternehmen zeigen sich durch Fairness, klare Aufteilung der Verantwortlichkeiten (Rollen), Mitarbeiterorientierung, Integrität und auch Machtteilung (Literaturangaben). Eine noch mehr als im Westen verbreitete kollektivistische Werteorientierung im Osten kann dieser Herausforderung vielleicht sogar eher gerecht werden und hat damit nicht nur strukturelle Nachteile.

Fazit

Unternehmenswerte sind auch ganz eng mit traditionellen Lebensverläufen und wirtschaftlichem Strukturwandel verbunden. Auch 26 Jahre nach der Einheit sind Unternehmenswerte in Ost und West nicht einheitlich. Werte sind etwas Wünschenswertes und wirken im Handeln wie eine Verpflichtung. Diese Haltungen oder auch Mentalitäten lassen sich in sozialen Milieus beschreiben.
Die Autoren lassen eine Diskussion bewusst offen, ob eine Annäherung der Wertesysteme in der Wirtschaft überhaupt erstrebenswert sei, um von einer Einheit sprechen zu können.

---

[4] www.flurfunk-dresden.de/2014/10/02/leben-im-osten-gemeinsame-beilage-von-15-ostdeutschen-tagesdzeitungen/#respond
[5] Wirtschaft.digital / Sonderbeilage der ostdeutschen Tageszeitungen 19.11.2016

Quellen:

Kristin Hartig: Ausgewählte wirtschaftspsychologische Schwerpunkte beim Generationsübergang in Familienunternehmen der neuen Bundesländer / veröffentlicht als Masterarbeit an der FOM Leipzig 31.01.2016

Schlingensiepen / Trempler / Ringeisen: Die kontextspezifische Erfassung kultureller Profile nach Hofstede; Pilotierung eines Kurzfragebogens für Lehrer, veröffentlicht in der on-line-Zeitschrift für interkulturelle Studien / Jahrgang 8 / Ausgabe 9

www.flurfunk-dresden.de/2014/10/02/leben-im-osten-gemeinsame-beilage-von-15-ostdeut-schen-tagesdzeitungen/#respond

Wirtschaft.digital / Sonderbeilage der ostdeutschen Tageszeitungen 19.11.2016

Vermittlung ethischer Grundsätze im Rechnungswesen

Prof. Dr. Irina Hundt
Hochschule für Technik und Wirtschaft Dresden

1. Problemstellung

Ethische Grundsätze werden den Studenten in Deutschland bisher im Rechnungswesen kaum vermittelt. Das ist in den nordischen Ländern anders, wo z. B. spezielle Kurse „Accounting Ethics" im Curriculum betriebswirtschaftlicher Studiengänge verankert sind. Ziel solcher Kurse ist es, den Studenten das Vokabular, Konzepte und Diskussionsansätze zu vermitteln, sie zu sensibilisieren und zum anderen das Fundament zu legen für Integrität, moralische Festigkeit und ethisches Verhalten im Berufsleben. Nicht zuletzt wird Ethik eine Schlüsselfunktion bei Veränderungen im Rechnungswesen spielen. Das spiegelt sich z. B. immer wieder nach Bilanzskandalen in der steigenden Anzahl von Veröffentlichungen entsprechender Fachartikel wieder, in deren dies Fehlverhalten der Verantwortlichen und Beteiligten angeprangert wird und analysiert[6].

2. Ethik und Rechnungswesen

2.1 Das Modell von James Rest

In den späten 70ern, Anfang der 80er Jahre entwickelte James Rest von der Uni Minnesota ein vierteiliges Modell um die Hauptelemente an Moral zu identifizieren:

1. Moralische Sensibilisierung: Fähigkeit, die moralischen/ethischen Aspekte in einer Situation zu erkennen.
2. Moralische Beurteilung: Kapazität, den idealen Weg zwischen verschiedenen Alternativen zu finden.
3. Moralische Motivation: Fähigkeit, verschiedene Ergebnisse zu bewerten und die Fähigkeit daraus moralische Handlungen abzuleiten.
4. Moralische Charakterstärke: Fähigkeit und Ausdauer um moralische Diskussionen zu führen.[7]

Da die Begriffe Moral und Ethik im Englischen i. R. gleichbedeutend genutzt werden, gab es hinsichtlich dieses Modells im deutschsprachigen Raum einige Verwirrungen. Ortmanns gibt eine Zusammenfassung der Theorien und geschichtlichen Entwicklung zur Ethik und geht dabei auch auf die beiden Begriffe Moral und Ethik ein. [8]Obwohl also schon vieles geschrieben und wissenschaftlich diskutiert wurde, werden die Fragen nach ethischem Verhalten immer wieder neu gestellt. Das Modell von James Rest lässt sich dabei auf vielfältige Weise verwenden, da es die verschiedenen Dimensionen aufgreift.

---

[6] Volker H. Peemöller, H. Krehl; St. Hofmann: Bilanzskandale, Delikte und Gegenmaßnahmen, Erich Schmidt Verlag 2017

[7] James R. Rest: The Major Components of Morality in W. M. Kurtines a. J. Gewirtz (eds) Morality, Moral Behavior a. Moral Development, New York, Prager Verlag 2014

[8] Wolfgang Ortmanns: Entwicklung der Ethik; Wirtschaftsethik – Ethik in der Marktwirtschaft in: Ethik im Mittelstand, Verlag Springer, Fachmedien, Wiesbaden 2016

Speziell im Rechnungswesen kommt es wegen ständiger Anpassungen von Gesetzen bzw. Standards vor allem auf die moralische (oder eben ethische) Beurteilung von Sachverhalten an. Eine entsprechende Sensibilisierung dafür ist Grundvoraussetzung. Ausgehend vom Modell von James Rest wurde bezüglich des ersten Hauptelementes eine Typisierung von Buchhaltern vorgenommen.[9]

2.2 Vier Typen von Buchhaltern

In Bezug auf die zwei Dimensionen ethische Sensibilität und buchhalterisches Können lassen sich vier verschiedene Typen von Buchhaltern bestimmen. Ein Buchhalter ist entweder sensibilisiert für ethische Grundsätze oder nicht. Er verfügt entweder über entsprechendes Fachwissen und wendet es auch an oder nicht.

Berufliche Professionalität	+	opportunistischer Buchhalter	virtuoser Buchhalter
	-	destruktiver Buchhalter	gutherziger Buchhalter
		-	+
		ethische Sensibilität	

Abb. 1: Vier Typen von Buchhaltern[10]

Einem destruktiven Buchhalter fehlen sowohl die berufliche als auch die ethische Kompetenz. Solch ein Buchhalter ist weder fähig noch willig, seine Arbeit entsprechend den Grundsätzen ordnungsmäßiger Buchführung zu erledigen. Hier hat die Ausbildung eindeutig versagt.

Ein gutherziger Buchhalter verfügt über ethische Grundsätze, wendet sie auch an. Er will prinzipiell alles richtig machen, aber ihm fehlen entsprechende Fachkenntnisse. Dieses Problem kann durch Weiterbildung und „learning by doing" gelöst werden.

Der opportunistische Buchhalter dagegen verfügt über ausgezeichnete fachspezifische Fähigkeiten und Fertigkeiten. Er kennt die Gesetze, Regeln und Standards gut genug, um sie auch richtig anwenden zu können, tut dies aber bewusst nicht. Hier besteht ein Motivationsproblem. Er handelt zum eigenen Vorteil oder zum Vorteil von anderen, die er unterstützen will. Oder er handelt bewusst gegen die Interessen des Unternehmens, entweder aus Frust, langer Weile oder einfach, weil er es kann. Dieses Problem kann nur teilweise durch entsprechende Kontrollen gelöst werden, denn die Motivation, solche Kontrollen zu umgehen, wird bleiben, wenn nicht die moralischen Grundsätze verändert werden. Oftmals liegt hier das Problem nicht nur beim Einzelnen, sondern in der Grundhaltung in der Abteilung, des gesamten Unternehmens oder

---

[9] Verwendet wird hier nur die männliche Form, die gleichbedeutend auch für die weibliche Form gilt.
[10] Vgl. Iris Stuart; Bruce Stuart, Lars J. T. Pederson: Accounting Ethics, John Wiley & Sons Ltd. 2014, S. 11

sogar in den moralischen Grundsätzen der Gesellschaft. Die Vorbildwirkung der Unternehmensleitung ist ein nicht zu unterschätzender Einflussfaktor auf die Motivation des Einzelnen, sich ethisch korrekt zu verhalten oder eben sein Wissen zum eigenen Vorteil zu nutzen.

Der virtuose Buchhalter vereinigt fachliche Professionalität und ethische Sensibilität. Er ist in der Lage, fachlich fundiert und Probleme im Rechnungswesen zu diskutieren und zu werten. Er überblickt die Auswirkungen einzelner Geschäftsfälle auf die Bilanz oder die Gewinn- und Verlustrechnung. Er wird dafür sorgen, dass der Jahresabschluss tatsächlich ein im Wesentlichen richtiges Bild der Finanz-, Vermögens- und Ertragslage darstellt.

2.3 Umfrageergebnisse

Befragt wurden Studenten der Betriebswirtschaftslehre nach Absolvierung des Faches Rechnungswesen im Grundstudium in den Jahren 2002 und 2016. Hier werden nur wenige Fragen bezüglich des Themas ethischer Grundsätze im Rechnungswesen ausgewertet. Relativiert werden müssen die Ergebnisse im zeitlichen Vergleich, weil durch die Umstellung von Diplom- auf Bachelor- und Masterstudiengänge sich der Umfang im externen Rechnungswesen von 3 Semestern auf 2 Semester reduziert hat. Relativiert werden müssen die Ergebnisse auch hinsichtlich der beruflichen Praxis. Gaben 2002 noch fast 30 % der Studenten an, vor dem Studium länger als ein Jahr gearbeitet zu haben, waren es 2016 nur knapp 4 %. Davon abgesehen, dass sich jeweils nur ca. 25 % (25,6 % in 2002; 24,8 % in 2016) überhaupt ihren späteren Beruf im Rechnungswesen vorstellen können, halten über 80 % einen integren Buchhalter (83,4 % in 2002; 81,7 % in 2016) als unabdingbare Voraussetzung für einen richtigen Jahresabschluss. Als welchen Typ Buchhalter sie sich selbst einschätzen würden, zeigt die Abb. 2 auf.

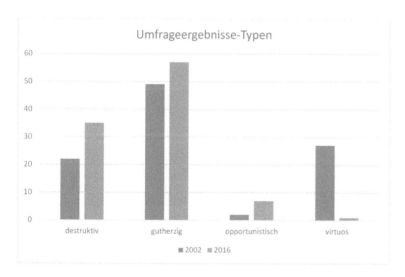

Abb. 2: Umfrageergebnisse-Typen

13

Bedenklich im Zeitablauf erscheint die Zunahme bei der Selbsteinschätzung als destruktiver bzw. als opportunistischer Buchhalter. Eine Zunahme fehlender ethischer Sensibilisierung trotz oder vielleicht gerade wegen mehr öffentlicher Diskussionen über Betrugsfälle, Bilanzmanipulationen, Korruption u. ä. lenkt evtl. auf eine höhere gesellschaftliche Akzeptanz bei den Studenten bezüglich moralischen Verhaltens hin. Ebenso bedenklich ist der Rückgang von 27 % auf 10 % bei der Einstufung als virtuoser Buchhalter. Damit stellt sich die Frage, ob das Lehrziel verfehlt wurde bzw. bei positiverer Auslegung: Was ist nötig, um mehr Virtuosität zu stimulieren?

Korrespondierend damit schätzen immerhin 8 % mehr Studenten ein, dass ihnen Fachkenntnisse fehlen, obwohl sie prinzipiell alles richtig machen wollen. Der Wille sei da, allein es fehle an Kenntnissen. Aber die Anspruchshaltung, der Lehrende allein sei für die Wissensvermittlung zuständig, hat drastisch zugenommen und zwar von unter 20 % auf 87 % im Jahre 2016. Im fast gleichen Verhältnis nahm die Bereitschaft ab, mehr als die gleiche Zahl von Semesterwochenstunden fürs Selbststudium aufzuwenden wie für Vorlesung und Übung. Gleichzeitig stieg auch der Anteil derjenigen, die nach eigener Einschätzung mehr als ein Drittel der Lehrveranstaltungen nicht besuchten auf über 38 % an.

Das sind Realitäten, die den Nachwuchskräftemangel in der Wirtschaft zusätzlich belasten. Außerdem sollten diese Auswertungen zu einem Nachdenken über die Qualität des Abiturs, die Zulassung zum Studium, geforderte Bestehensquoten und natürlich die Anforderungen an Wissensvermittlung und ethischer Sensibilisierung anregen.

3. Fazit

Ziel der universitären Ausbildung im Rechnungswesen sollte nicht nur die Vermittlung von Fachwissen sein, denn darüber verfügen sowohl der virtuose als auch der opportunistische Buchhalter im gleichen Maße, sondern ebenso die Vermittlung ethischer Grundsätze. Gerade bei Themen wie Grundsätze ordnungsmäßiger Buchhaltung und Grundsätze ordnungsmäßiger Bewertung, Window-Dressing[11] oder in der internationalen Rechnungslegung die Anwendung und Auslegung von Standards unter Beachtung des Frameworks bieten sich Diskussionen über die Auswirkungen von einzelnen Sachverhalten auf den Jahresabschluss als Ganzes an.

Quellen
Wolfgang Ortmanns: Entwicklung der Ethik; Wirtschaftsethik – Ethik in der Marktwirtschaft in: Ethik im Mittelstand, Verlag Springer, Fachmedien, Wiesbaden
James R. Rest: The Major Components of Morality in W. M. Kurtines a. J. Gewirtz (eds) Morality, Moral Behavior a. Moral Development, New York, Prager ,Verlag
Iris Stuart; Bruce Stuart, Lars J. T. Pederson: Accounting Ethics, John Wiley & Sons Ltd.
2014, S. 11
Irina Hundt: „Window-Dressing" als Gratwanderung der Bilanzierung im Mittelstand; Verlag Springer, Fachmedien Wiesbaden, 2016

---

[11] Irina Hundt: „Window-Dressing" als Gratwanderung der Bilanzierung im Mittelstand; Verlag Springer, Fachmedien Wiesbaden, 2016

Ethische Aspekte in der Unternehmensführung – kann man ethisches Verhalten messen?

Prof. Dr. Bernd Neitz
Stephanie Paschenda (B.A.)
FOM Hochschule für Oekonomie & Management Essen
Studienzentrum Leipzig

I. Problemstellung

Ein bekanntes Sprichwort besagt, dass wir nicht nur für das verantwortlich sind, was wir tun, sondern auch für das, was wir nicht tun. Dies zählt für Privatpersonen ebenso wie für Unternehmen und Konzerne. Unternehmerische Verantwortung spielt für viele Unternehmer eine immer größere Rolle. Gerade in Zeiten, in denen immer neue Skandale über unverhältnismäßige Vorstands- und Managergehälter oder Standortverlagerungen in Drittländer aufgrund von Kosteneinsparungen aufgedeckt werden, ist es besonders wichtig, durch Vorbildwirkung auch im ethisch-moralisches Verhalten zu überzeugen.

„What you can measure you can manage" ist ein ebenso bekannter Ausspruch, der sich auf die Grundfragen der Unternehmensführung anhand von Kennzahlen bezieht. An dieser Stelle stellt sich nun die Frage, ob und wie man ethisches Verhalten messbar machen kann? Festgelegte oder vordefinierte Kennziffern, wie wir sie bspw. als wirtschaftliche Kennzahlen zur Bilanzanalyse kennen, gibt es hierfür nicht.

Ethik- oder Nachhaltigkeitsratingagenturen versuchten bisher mit verschiedene Methoden und Verfahren einheitliche Kriterien zur Messung zu erarbeiten ohne bisher ein klar definiertes, allgemein anerkanntes System entworfen zu haben. Ein Beispiel zur Darstellung von verantwortungsbewusstem Handeln ist die Gemeinwohl-Bilanz, deren Vorstellung durch Christian Felber im Jahr 2010 eine breite Diskussion angeregt hat und die Gemeinwohl-Ökonomie als Bewegung ins Leben rief[12]. Diese besondere Bilanz weist nicht das Vermögen und das Kapital eines Unternehmens aus, sondern bildet das ethische und moralische Engagement der Unternehmung und deren Beitrag zur gesellschaftlichen Entwicklung ab. Dazu wurde eine Matrix entwickelt, durch welche ein umfassendes Bild der Firma anhand von 17 Indikatoren dargestellt werden soll. Auf der Grundlage eines Testates erhalten die Stakeholder die Gewissheit, dass die Bilanz und die darin enthalten Informationen glaubwürdig und zutreffend sind.

Weitere Konzepte schlagen sich im von Michael Porter und Mark Kramer entwickelten „Shared Value-Konzept" nieder, das sich den Fragen der Wechselwirkung von Unternehmen und Gesellschaft auseinandersetzen[13]. Vorschläge zur Messung von Ethik wurden auch vom Internationalen Controllerverein e.V. unterbreitet und zur Diskussion gestellt[14].

Eine wesentliche Rolle in der Auseinandersetzung spielen die Fragen der Nachhaltigkeit und der nachhaltigen Unternehmensführung. Der vorliegende Beitrag trägt den Stand der aktuellen Diskussion unter dem besonderen Aspekt der kleinen und mittelgroßen Unternehmen (KMU)

---

[12] Vgl. Felber, Chr., (2010): Die Gemeinwohl-Ökonomie – Das Wirtschaftsmodel der Zukunft.
[13] Vgl. Porter, M.E.; Kramer, M.R. (2011): Creating Shared Value, Havard Business Review, 89 (1-2) S.62-77
[14] Vgl. Böhrens, M. et al. (2008): Grundsätze ordnungsgemäßen Controllings - Messen von Unternehmensethik, Vortragmanuskript, ICV-AK Berlin-Brandenburg Tagung 04.04.2008

zusammen und geht dabei insbesondere auf deren Möglichkeiten zur Umsetzung und Messung ethischer Unternehmensführung ein

II. Ethik in der Unternehmensführung

1. Begriffswelt Moral und Ethik

Im deutschen Sprachgebrauch werden die Begriffe Moral und Ethik häufig synonym verwendet. Unter Moral versteht man, was in einer Gruppe oder in einer Gesellschaft als gut und sittlich richtig bzw. als schlecht und sittlich falsch erachtet wird[15]. Die Moral hat sich über die letzten Jahrzehnte und Jahrhunderte verändert und wird sich durch verschiedene Umwelteinflüsse und Weiterentwicklungen in der Gesellschaft auch zukünftig wandeln. Verschiedene Kulturen (auch Unternehmenskulturen) haben eigene Vorstellung von moralischen Werten. Moralische Vorstellungen ständigen Veränderungen. Auch wird weltweit nie eine einheitliche bzw. richtige Moral für alle Menschen existieren[16]. Ist eine Person von diesen allgemeinen Wertmaßstäben, die in deren Gesellschaft gelebt werden, überzeugt und handelt auch danach, so spricht man vom Ethos[17]. Die Ethik ist die Theorie und die Lehre von Moral sowie von Ethos und beschäftigt sich mit der Frage nach den Kriterien des richtigen bzw. falschen Handelns. Es geht dabei im Zusammenhang mit Wirtschaftsunternehmen nicht um die theoretische Auseinandersetzungen mit den Begriffen Moral und Ethos, sondern um die Wirtschaftsethik als übergreifende wissenschaftliche Teildisziplin. An dieser Stelle soll auf ausführlichere Darstellungen zu Moral und Ethik verzichtet werden[18].

2. Ethik und Unternehmensführung

Das magische Dreieck der strategischen Unternehmensführung beschreibt das Zusammenspiel zwischen Rentabilität, Sicherheit und Liquidität (Siehe Abbildung 1, links). Diese drei Ziele beeinflussen sich gegenseitig und konkurrieren miteinander. Dies lässt sich anhand einem kleinem Beispiel aus der Finanzwirtschaft vereinfacht darstellen. Ziel der Anleger bei der Investition in eine Geldanlage ist eine möglichst hohe Rendite. Diese kann u. a. durch ein höheres Risiko erreicht werden. Soll das Geld zusätzlich jederzeit schnell verfügbar sein, ist dies nur durch Sicherheitseinbußen möglich. Geldanlagen, bei denen eine hohe Sicherheit und schnelle Verfügbarkeit garantiert werden sind in der Regel nicht rentabel.

Dieses Dreieck kann um den ethischen, sozialen oder ökologischen Aspekt erweitert werden, wobei das sogenannte magische Viereck entsteht. Anhand der einfachen Darstellung der Konfliktmöglichkeiten des magischen Dreiecks ist offensichtlich, dass die Schwierigkeiten bei vier Zielen nicht weniger werden (Abbildung 1, Mitte). Das Streben nach einem möglichst hohen Ertrag kann z. B. erfolgen, indem man sich an ethisch fragwürdigen Investitionen beteiligt[19]. Dazu zählen bspw. die Waffenherstellung sowie der Vertrieb von Waffen in Krisengebieten. Unternehmen, die Kapital benötigen, müssen sich für Investoren als lukrative und gewinnbringende Partner darstellen. Dies kann bspw. durch große Renditeversprechungen erfolgen. Auch

---

[15] Vgl. Bak, P.M. (2014): Wirtschafts- und Unternehmensethik, S.2
[16] Ebenda S.2
[17] Vgl. Göbel, E. (2016): Unternehmensethik, S.27
[18] Vgl. u.a. Göbel, E. (2016): Unternehmensethik, S.33ff; Bak, P.M. (2014): Wirtschafts- und Unternehmensethik, S.17
[19] Vgl. Göbel, E. (2016): Unternehmensethik, S.27ff

durch einen gefälschten Jahresabschlusses, in dem eine Investition in das Unternehmen als sehr profitabel erscheint, kann dazu beitragen, neue Kapitalgeber zu gewinnen[20].

Sowohl die ethisch bedenklichen Projekte oder Branchen als auch die Bilanzfälschung o. ä. stehen im Konflikt mit dem vierten Ziel, dem ethischen Aspekt. Um diese Konkurrenzsituation zu mindern, müssen bereits die drei Ziele des magischen Dreiecks unter ethische Gesichtspunkte gestellt und überprüft werden. Somit wird Ethik nicht mehr als eigenes Ziel gesehen und es entsteht erneut ein Dreieck, bei welchem die drei ökonomischen Eckpunkte von vornherein auf moralisch vertretbare Eigenschaften untersucht werden. Somit würde sich die Frage nach einer Investition z. B. im Bereich des Waffenhandels gar nicht erst stellen, da dieses Geschäft ethisch nicht vertretbar ist.

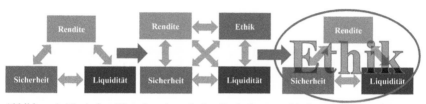

Abbildung 1: Magisches Viereck und magisches Dreieck unter ethischen Gesichtspunkten

Quelle: Eigene Darstellung in Anlehnung an Gabriel, K und Schlagnitweit, M., S.114f[21]

In diesem Kontext soll noch auf die aktuelle Diskussion zur Nachhaltigkeit in der Unternehmensführung verwiesen werden. Es wird in der Regel darauf verwiesen, dass ethische Aspekte und Nachhaltigkeit nicht voneinander zu trennen sind[22]. Es geht m. E. eher um unterschiedliche Herangehensweisen. Die Unternehmensethiker gehen den Problemkreis eher von der philosophischen Seite her an und unterbreiten Vorschläge aus moralisch/ethischer Sicht. Die Nachhaltigkeitsdiskussion wird eher aus der Sicht der Unternehmen selbst und deren gesellschaftlichem Umfeld geführt. Eine große Rolle spielt ihre Erkenntnis, dass nachhaltiges Wirtschaften und unternehmerischer Erfolg keinen unüberbrückbaren Widerspruch darstellen müssen.

3. Ethisches Verhalten und seine Messbarkeit

Der wirtschaftliche Erfolg eines Unternehmens lässt sich anhand finanzieller Kennzahlen relativ leicht bestimmen. Hingegen lassen sich nur schwer Aussagen darüber treffen, ob Firmen oder Einrichtungen moralisch handeln und arbeiten, da es keine einheitlichen oder festgelegten Kriterien zur Messung für ethisches Verhalten gibt. Im Bereich sogenannten ethischen Finanzanlagen und Finanzierung wird seit vielen Jahren probiert Gütezeichen für die Kennzeichnung zu entwickeln. Jedoch ist die Umsetzung dafür nicht so einfach wie bei anderen Zertifikaten,

---

[20] Vgl. Gabriel, K., Schlagnitweit, M. (2009): Das gute Geld, S.116f
[21] Vgl. Gabriel, K., Schlagnitweit, M. (2009): Das gute Geld, S.114f
[22] Vgl. Leusmann, K., (2013): Kulturwandel bei den Banken; S.2ff

bei denen anhand definierter und leicht messbarer Standards und Sicherheitsanforderungen die Vergabe der Qualitätszeichen möglich ist[23].

Derartige Maßstäbe müssen für das ethische Verhalten von Unternehmen erst geschaffen werden. Es ist bereits schwierig, einheitliche Definitionen für die Unternehmensethik zu treffen, um daraus Richtlinien für deren Bewertung zu erarbeiten. Durch sogenannte Ethik- und Nachhaltigkeitsratings soll versucht werden, entsprechende soziale und ökologische Merkmale für die Beurteilung zu entwickeln. Dafür haben die auf dem Markt existierenden Ratingagenturen, wie bspw. Oekom research oder Ethical Investment Research Service verschiedene Methoden und Verfahren entwickelt[24]. Dadurch kann es allerdings zu unterschiedlichen Ergebnissen bei der abschließenden Bewertung kommen. Dies entstehen z. B. durch unterschiedliche Ansatzpunkte oder uneinheitlicher Gewichtung der einzelnen Bereiche wie sozialem Engagement, kultureller Offenheit oder Umweltschutz[25]. Ziel bei allen diesen Agenturen ist es, den Investoren und anderen Stakeholdern ein verlässliches Bild des Unternehmens in Bezug auf deren moralische, soziale und ökologische Qualitäten und Leistungen darzulegen. Somit können Interessenten die Unternehmen vergleichen, sofern im Vorfeld einheitliche Bewertungsverfahren verwendet wurden. Auch hier ist anzumerken, wie bereits in den Kapiteln zuvor, dass die Informationen und die Daten, welche für die Beurteilung herangezogen wurden, genauestens von den Ratingagenturen auf Vollständigkeit und Korrektheit zu überprüfen sind[26]. Nur so kann sichergestellt werden, dass die Ergebnisse auch dem tatsächlichen Bild des Unternehmens entsprechen.

In von den meisten Unternehmen erstellten Leitbildern sind i. d. R. auch Ethik-Kodizes enthalten Ebenso verfügen die Firmen über Branchen- und Berufskodizes. Diese sind freiwillige Verpflichtungen, die sich die Unternehmungen selbst auferlegt haben. Inzwischen existieren verschiedene Anbieter von Ethik- und Nachhaltigkeitsindizes, wie bspw. Ehtical Index, Natur-Aktien-Index, Umweltbank-Aktienindex oder der von der Ethik-Kommission des internationalen Wirtschaftsprüferverbandes entwickelte Code of Ethics for Professional[27]. Ihnen allen fehlt es jedoch an konkreten, messbaren Größendefinitionen, mit deren Hilfe eine Einschätzung des ethischen Verhaltens und dessen Vergleich mit anderen Unternehmen mögliche wäre. Das macht es insbesondere auch für die KMU schwer sich mit diesen Fragen auseinanderzusetzen und eine Beurteilung vorzunehmen, wo sie selbst als Unternehmen und Unternehmer stehen.

3.1 Die Gemeinwohl-Bilanz
Im Jahr 2010 wurde der Verein Gemeinwohl-Ökonomie in Wien gegründet. Das Ziel ist die Entwicklung einer gemeinwohlorientierten Wirtschaftsordnung, welche weltweit Berücksichtigung finden soll. Erste Ansätze dazu gibt es in Deutschland, bspw. im Artikel 14 des Deutschen Grundgesetzes. Dieser besagt u. a., dass der Gebrauch des Eigentums verpflichtend ist und dem Wohl der Allgemeinheit dienen soll[28]. Auch auf internationaler Ebene findet dieses Thema Beachtung. Deswegen sollen z. B. europäische Unternehmen gemäß der EU-Richtlinie 2014/95/EU verpflichtet werden, nicht-finanzielle Informationen zu veröffentlichen, um mehr

---

[23] Vgl. Gabriel, K., Schlagnitweit, M. (2009): Das gute Geld, S.133f.

[24] Vgl. Demele, U. (2015): Finanzwirtschaft und Ethik, S.8f.

[25] Vgl. Gabriel, K., Schlagnitweit, M. (2009): Das gute Geld, S.92ff; Ulshöfer, G.; Bonnet, G. (2009): Corporate Social Responsibility auf dem Finanzmarkt, S.59.

[26] Vgl. Gabriel, K. (2007): Nachhaltigkeit am Finanzmarkt, S.108f.

[27] Vgl. Demele, U. (2015): Finanzmarktwirtschaft und Ethik, S.8f; Göbel, E. (2016): Unternehmensethik, S.267.

[28] Vgl. Verein zur Förderung der Gemeinwohl-Ökonomie (o. J.): Darum Gemeinwohl, https://www.ecogood.org/de/vision/darum-gemeinwohl/, Zugriff am 2016-11-12; Verein zur Förderung der Gemeinwohl-Ökonomie (o. J.): Erfolge der GWÖ, https://www.ecogood.org/de/vision/erfolge-der-gwo/, Zugriff am 2016-11-12.

Transparenz im ethischen Bereich zu schaffen[29]. Einige Unternehmen praktizieren dies bereits mit Hilfe der durch die von Christian Felber (Initiator der Gemeinwohl-Ökonomie) entwickelte Gemeinwohl-Bilanz. Dadurch soll nicht der finanzielle Erfolg eines Unternehmens dargestellt werden, sondern dessen geleisteter Beitrag zum Gemeinwohl. Bereits im ersten Jahr der Vereinsgründung haben 45 Unternehmen eine solche Bilanz erstellt. Mittlerweile sind es rund 400 Unternehmen, Gemeinden und Bildungseinrichtungen[30]. Anhand der Steigerung kann erkannt werden, dass es Unternehmern immer wichtiger wird, sich ethisch und moralisch korrekt zu verhalten und dies auch nach außen hin zu präsentieren.

Das Unternehmen oder die Einrichtung, die eine solche Bilanz erstellen will, muss zunächst einen Bericht über die einzelnen Punkte der Matrix verfassen. Im Anschluss folgt eine externe und qualifizierte Prüfung, wodurch die Korrektheit der gemachten Angaben bestätigt werden soll. Durch das Testat eines externen Prüfers soll die Glaubwürdigkeit und Korrektheit der Angaben in der Gemeinwohl-Bilanz bestätigt werden[31]. Dieses Testat, inkl. des Gemeinwohl-Berichts, können die Kunden, Lieferanten und Investoren jederzeit einsehen. Vor allem bei Stakeholdern, denen ethisches und moralisches Verhalten und Handeln wichtig ist, kann dadurch ein positiver Eindruck von dem Unternehmen entstehen.

Die Erstellung der Gemeinwohl-Bilanz erfolgt in drei Schritten. Als erstes wird von dem Unternehmen ein Gemeinwohl-Bericht erstellt. Dieser kann selbstständig oder mit Unterstützung durch einen Gemeinwohl-Ökonomie-Berater erstellt werden. Bei der Erstellung wird sich nach der Gemeinwohl-Matrix gerichtet (Siehe Anhang I). Diese enthält 17 Indikatoren (A1 bis E5), welche sich aus je fünf Werten und Berührungsgruppen (A bis E) ergeben. Die Werte unterteilen sich in Menschenwürde, Solidarität, ökologische Nachhaltigkeit, soziale Gerechtigkeit sowie demokratische Mitbestimmung und Transparenz. Zu den Berührungsgruppen gehören die Lieferanten (A), Geldgeber (B), Mitarbeiter und Eigentümer (C), Kunden, Produkte, Dienstleistungen und Mitunter nehmen (D) sowie ein gesellschaftliches Umfeld (E)[32]. Für eine ausführliche Erklärung der Indikatoren kann das von der Gemeinwohl-Ökonomie zur Verfügung gestellte Handbuch verwendet werden. Die eigene Einschätzung der 17 Indikatoren wird in dem Gemeinwohl-Bericht einzeln beschrieben. Dies kann in kurzen und aussagekräftigen Sätzen oder auch in längeren Abschnitten vorgenommen werden[33]. Im Anschluss an die Berichtserstellung erfolgt die externe und qualifizierte Prüfung der im Bericht dargestellten Sachverhalte. Dies wird u. a. durch Einsicht in die entsprechenden Dokumente sowie durch Entwicklungs- und Feedbackgespräche erreicht. Durch das erteilte Testat wird die Korrektheit der Angaben im Bericht bestätigt, welches für zwei Jahre gültig ist. Dadurch wird die Gemeinwohl-Bilanz für Stakeholder glaubwürdig.

---

[29] Vgl. Verein zur Förderung der Gemeinwohl-Ökonomie (o. J.): EU CSR Richtlinie – Gemeinwohl-Bilanz als Standard, https://www.ecogood.org/de/gemeinwohl-bilanz/eu-csr-richtlinie/, Zugriff am 2016-11-12.

[30] Vgl. u.a. Mödler, B. et al (2016): Führen Sie schon oder herrschen Sie noch?, S.220; Verein zur Förderung der Gemeinwohl-Ökonomie (o. J.): Community, https://www.ecogood.org/de/community/, Zugriff am 2016-11-13; Verein zur Förderung der Gemeinwohl-Ökonomie (o. J.): Erfolge der GWÖ, https://www.ecogood.org/de/vision/erfolge-der-gwo/, Zugriff am 2016-11-12.

[31] Vgl. Lux, W. (2012): Innovationen im Handel, S.97f.

[32] Vgl. Verein zur Förderung der Gemeinwohl-Ökonomie (o. J.): Die Gemeinwohl-Matrix, https://www.ecogood.org/de/gemeinwohl-bilanz/gemeinwohl-matrix/, Zugriff am 2017-02-18.

[33] Vgl. Verein zur Förderung der Gemeinwohl-Ökonomie (o. J.): Die Erstellung des Gemeinwohl-Berichts, https://www.ecogood.org/de/gemeinwohl-bilanz/unternehmen/gemeinwohl-bericht/, Zugriff am 2017-02-18.

Als letzten Schritt folgt die Zusammenstellung der Gemeinwohl-Bilanz. Diese besteht aus dem erstellten Gemeinwohl-Bericht des Unternehmens und dem Testat des unabhängigen Prüfers. Die Bilanz wird auf der Plattform der Gemeinwohl-Ökonomie veröffentlicht. Des Weiteren ist es sinnvoll, diese auf der eigenen Homepage oder auch in gedruckter Form den Stakeholdern zur Verfügung zu stellen[34].

Ein Vorteil für das Unternehmen, welches die Gemeinwohl-Bilanz erstellt, ist die Möglichkeit, einen aktuellen Überblick über das eigene soziale Engagement zu erhalten sowie die Bereiche zu analysieren, in denen noch Potential zur Verbesserung besteht. Durch die Erstellung der Gemeinwohl-Bilanz gewinnt die Unternehmung am Markt an Attraktivität und kann sich von Konkurrenten absetzen[35].

Allerdings sei auch angemerkt, dass die Erstellung der Gemeinwohl-Bilanz sehr zeitaufwändig und mit verschiedenen Kosten, wie der damit verbunden Mitgliedschaft im Verein oder die Gebühren für die externe Prüfung, verbunden ist.
Bei allen vorgestellten Vorteilen muss hier jedoch resümiert werden, dass sich die Gemeinwohl-Ökonomie in der vorgestellten Version regelmäßig in unverständlichen und schwer abgrenzbaren Wortgebilden verliert. Selbst der Begriff selbst ist nicht klar definiert und erlaubt einen breiten Interpretationsspielraum. Gerade für die Fragen wer nun ethisch handelt und wo die Grenzen für ethischen Handeln liegen, kann nicht klar beantwortet werden. Das macht ihre Anwendung gerade für kleine und mittelständische Unternehmen auf ihren häufig regional ausgeprägten Märkten nicht unbedingt einfach. Hier zeigen sich durchaus Parallelen zur Nachhaltigkeit. Auch hier fehlt es an klaren Definitionen und sie kommt oft recht schwammig daher. Diese Umstände erleichtern die Messung von ethischem Verhalten und Nachhaltigkeit nicht eben.

3.2 Shared Value Konzept
Einen Vorschlag zur Erfassung der Nachhaltigkeitswirkung von Unternehmensaktivitäten unterbreiteten Porter und Kramer mit dem Shared Value Konzept[36]. Ausgangspunkt sind die häufig unproduktiven und fragmentierten CSR-Aktivitäten der Unternehmen, die dazu führen da Unternehmen wichtige Möglichkeiten verpassen, Beiträge für die Gesellschaft zu leisten und Wettbewerbsvorteile zu erlangen[37]. Dieses Problem entsteht durch die künstliche Gegenüberstellung von Wirtschaft und Gesellschaft einerseits und andererseits durch mangelnde Rückkopplung der CSR-Aktivitäten mit der strategischen Ausrichtung und den Kernkompetenzen. Hier werden im Allgemeinen die Zusammenhänge nicht erkannt und berücksichtigt. Der Kern des Shared Value Konzepts liegt nun darin, die gegenseitigen Abhängigkeiten erfolgsbringend zu nutzen. Porter und Kramer schlagen dafür drei Wege vor, die Shared-Value Potenziale zu nutzen. Ersten die Befriedigung gesellschaftlicher Bedürfnisse durch eine Abkehr von der Strategie der Schaffung immer neuer Bedürfnisse und Nachfragen hin zum tatsächlichen Kunden-

---

[34] Vgl. Verein zur Förderung der Gemeinwohl-Ökonomie (o. J.): Veröffentlichung der Gemeinwohl-Bilanz, https://www.ecogood.org/de/gemeinwohl-bilanz/unternehmen/gemeinwohl-bilanz/, Zugriff am 2017-02-18.

[35] Vgl. Verein zur Förderung der Gemeinwohl-Ökonomie (o. J.): Gemeinwohl-Bilanz, https://www.ecogood.org/de/gemeinwohl-bilanz/, Zugriff am 2017-02-18; Verein zur Förderung der Gemeinwohl-Ökonomie (o. J.): Unternehmen – Wege zur Gemeinwohl-Bilanz, https://www.ecogood.org/de/gemeinwohl-bilanz/unternehmen/, Zugriff am 2017-02-18.

[36] Vgl. Porter, M.E.; Kramer, M.R. (2011): Creating Shared Value, Havard Business Review, 89 (1-2) S.62-77.

[37] Vgl. Strathoff, P. (2013): Creating Shared Value – Wie Porter den Kaptialismus neu erfinden möchte, in OrgansisationsEntwicklung Nr. 4 2013; S.90ff.

nutzen. Zweitens die Verbesserung der Wertekette durch gezielte Maßnahmen zur Kostenreduktion unter Beachtung entstehenden gesellschaftlichen Nutzens oder der Verhinderung von negativen Auswirkungen auf dritte. Dritten die Unterstützung des lokalen gesellschaftlichen Umfeldes. Die als normal angesehene Nutzung der gesellschaftlichen Ressourcen wie Bildung und Umwelt soll durch gezielte lokal ausgerichtet Maßnahmen ausgeglichen werden. Damit gelingt es den Unternehmen, die Nachhaltigkeit nachhaltig in ihr strategisches Konzept zu integrieren. Dieses System muss nun durch die Messung geeigneter Kennziffern untermauert werden. Dazu werden jedoch wiederum nur wenige konkrete Vorschläge unterbreitet. Es liegt in der Verantwortung der Finanzvorstände und der Geschäftsführer, hierfür Analysen und Kenngrößen zu entwickeln. Der Leitgedanke, nur was messbar ist kann auch gesteuert werden, ist hier als Herausforderung an alle Betroffenen zu sehen: Anregungen dazu liegen in der konsequenten Ausrichtung der Investitionspolitik in dem die Nachhaltigkeit als Entscheidungskriterium gleichrangig mit ökonomischen Faktoren herangezogen wird. Werkzeuge zur Datenerhebung sind unternehmensindividuell zu entwickeln. Es entsteht ggf. ein erweitertes oder neues Tätigkeitsfeld für die Controller[38]. Das was in den neunziger Jahren an Erfahrungen mit der Entwicklung von Balanced Score Cards (BSC) gesammelt wurde, ist hier m. E. gut anwendbar.

Zur Erfassung der CSR-Aktivitäten im Kontext mit der Gemeinwohl-Bilanz wird die Darstellung in einer Puplic-Value Landkarte vorgeschlagen. Fröhlich untersucht dabei den Zusammenhang der Ergebnisse der Gemeinwohl-Bilanz mit den Ergebnissen der von Meynhardt initiierten Public Value Landscape[39]. Auch hier wird deutlich, dass es an konkreten Messergebnissen mangelt. Die Weiterentwicklung der Messfunktionen stellt eine Herausforderung für die Nachhaltigkeitsökonomie dar.

Für kleine und mittelgroße Unternehmen wird insbesondere die Unkonkretheit in den Darstellung eine Hürde darstellen, sich intensiver mit diesen Fragen auseinander zusetzen und eine eigen Umsetzungsstrategie zu entwickeln. So bleibt auch hier vieles im Allgemeinen stecken und konkrete Handlungsempfehlungen für die Geschäftsinhaber von KMU´n sind nicht vorzufinden.

3.3 Ethik-Messverfahren des ICV

Einen etwas anderen Weg beschreitet der Internationale Controller Verein IC e. V. Hier wird dem Thema des Messens von Unternehmensethik inzwischen in den Grundsätzen ordnungsgemäßen Controllings ein breiter Raum eingeräumt[40]. Das Messen des ethischen Verhaltens im Unternehmen wird als Aufgabe des Controllerservices betrachtet. Es werden verschieden Messverfahren konkret vorgeschlagen (u. a. EFQM, BSC und St. Gallen-Modell der Unternehmensführung) und mit Mess- und Maßgrößen unterlegt (z. B. Regionaler Einkauf, Rekrutierung und Qualifikation von Mitarbeitern, Anteil kostengünstiger Arbeitskräfte). Hier wird hier deutlich gezeigt, dass das moralisch/ethische Verhalten von Unternehmen durchaus praktikabel gemessen werden kann. Dazu müssen spezifische, unternehmensindividuelle Größen gefunden werden. Kernpunkt ist auch hier, dass die Ethik im Unternehmen gelebt werden muss, dann werden auch Messgrößen von allen Betroffenen akzeptiert und genutzt. Diese Vorgehensweise ist auch für typische KMU nachvollziehbar. Ein entsprechendes Messsystem und kann mit verhältnismäßig geringem Aufwand entwickelt werden und ist jederzeit erweiterbar. Damit kann es neue relevante Entwicklungen im Unternehmen selbst und im Umfeld aufzunehmen. Das ethische

---

[38] Vgl. Theis. S. (2015): Finanzchefs müssen Nachhaltigkeit in die Hand nehmen, Wirtschaftswoche online, ://wiso-net.de/document/WWON__WW%2012247224, Zugriff am 20.03.2017.

[39] Vgl. Fröhlich A. (2013): Gemeinwohlbilanz, in OrgansisationsEntwicklung Nr. 4 2013; S.91ff.

[40] Vgl. Böhrens, M. et al. (2008): Grundsätze ordnungsgemäßen Controllings von Unternehmensethik, Vortragmanuskript, ICV-AK Berlin-Brandenburg Tagung 04.04.2008.

Verhalten wird so für KMU´n und ihre Mitarbeiter fassbar und kann gezielt zum Erfolgsfaktor entwickelt werden. Der ökonomische Nutzen selbst für die Stakeholder kann jedoch nur mittelbar erfasst werden

4. Erfolgsfaktor Ethik

Aktuelle Studien zeigen, dass verantwortungsvolles Unternehmertum durchaus Wettbewerbsvorteile bringen kann. Es führt aber auch zu höheren Kosten und kann dazu führen, im Bieterwettstreit zu unterliegen[41] Dietzfelbinger verfolgt die Grundüberzeugung, dass ethisches Verhalten nicht zwangsläufig immer wehtun muss, sondern, dass es im Idealfall für die Unternehmen zum messbaren Erfolgsfaktor werden kann[42]. Gerade für KMU stellt sich zum einen die Frage nach dem kurzfristigen finanziellen Erfolg oder zum anderen nach der langfristigen Sicherung des Unternehmens. Des Weiteren nach der Rolle, die für den typischen geschäftsführenden Gesellschafter oder Inhaber eines KMU das Image und seine Reputation im häufig lokalen Umfeld spielt. Daran werden der Erfolg des Unternehmens und der persönliche Erfolg gemessen. Als Kenngrößen, die diesen messbar zumachen, dienen zunächst die klassischen harten Erfolgskennzahlen. Diese werden ergänzt um Größen, die vordergründig als schwer erfass- und messbar empfunden werden. Gerade in dieser klassischen Trennung in harte und weiche Faktoren, wie sie sich i. d. R. auch in den Ratingsystemen widerspiegeln, liegt die Herausforderung. Warum diese Trennung? Die Faktoren beeinflussen sich doch zweifelsohne gegenseitig[43]. Insbesondere das Ethik-Thema kann nicht mit der klassischen Vorgehensweise zum Erfolgsfaktor werden. Eine reine Wirtschaftlichkeitsrechnung wird wohl immer zu einem tendenziell unbefriedigenden Ergebnis führen, da sie kurzfristig ausgerichtet ist. Es ist Geduld gefragt. Der Erfolg stellt sich nicht über Nacht ein und kann auch nur mittelfristig gemessen werden.

Die Investitionen in ethisch wünschenswerte Verhaltensweisen und die Implementierung von Mess- und Maßsystemen zu deren Erfassung werden sich frühestens mittelfristig messbar im Erfolg niederschlagen. Hier liegt m. E. eine gewisse Hürde für die KMU-Geschäftsführer. Ihre Unternehmensführung ist häufig zunächst am operativen Erfolg ausgerichtet, da werden die Ethik und deren Messung eher als zusätzliche Belastung empfunden. Es mangelt zweifelsohne nicht am strategischen Denken in den KMU, das mittelfristige und strategische Controlling, dem die Messung von ethischem Verhalten in dem vorgestellten Kontext zuzuordnen ist, ist aber nicht selten zu gering ausgeprägt.
In vielen mittelständischen Unternehmen wird die Umsetzung der Strategie mittels einer Balanced Scorecard (BSC). Die Einbeziehung der Aspekte des CSR und der ethischen Maßstäbe in eine bestehende, aktiv genutzte BSC stellt m. E. eine überschaubare Herausforderung dar. Die BSC wird insgesamt als KMU-geeignete Methodik betrachtet auch die ethischen Fragen der Unternehmensstrategie in messbare und abrechenbare Größen umzusetzen[44]

---

[41] Vgl. Nutz, D. (2014): Die Guten, in Die Wirtschaft Nr. 05/2014, S.8ff; https://www.wiso-net.de/document/ADIW__06807306908707308209520 14%20050506902065497625(Zugriff am 04.04.2017)
[42] Vgl. Dietfelbinger D. (2015): Praxisleitfaden Unternehmensethik; S.56
[43] Ebenda S. 61
[44] Ebenda S. 115ff

III. Fazit und Ausblick

Wirtschaftliches und ethisches Verhalten müssen in der heutigen Zeit keine Gegensätze sein, auch wenn es bei der Kombination beider Bereiche Konflikte geben kann. Je mehr moralisches Verhalten von den Unternehmen verlangt wird, bspw. von den Konsumenten oder Investoren, desto mehr muss sich dieses danach richten und auch handeln, um erfolgreich am Markt zu bestehen. Dieses ethisch-ökologische Bewusstsein muss bereits bei der strategischen Planung und sich durch alle Bereiche der Unternehmenssteuerung ziehen. Nur Firmen die nachweisen können, dass sie sich ethisch/moralisch korrekt verhalten, haben langfristig die Chance sich zu behaupten. Für Kunden, Lieferanten oder Investoren ist es zum Teil schwierig, ausreichend Informationen von bzw. über die Unternehmen zu erhalten, um einen genauen Überblick über seine Arbeits- und Wirtschaftsweisen zu bekommen.

Generell ist es jedoch nicht einfach, ethisches Verhalten und Handeln zu messen und nachzu-weisen Verschiedene Ansätze weisen einen Weg in die Richtung der Mess- und Abrechenbar-keit wurden. Neben den Weg, den die Gemeinwohl-Ökonomie mit dem standardisierten Ge-meinwohl-Bericht vorschlägt werden gibt weitere Möglichkeiten der Erfassung des ethischen Verhaltens ermöglichen aufgezeigt. Allen ist eigen, dass sich die Messungen durch vor allem verbale, schwer fassbare und dehnbare Bewertungen auszeichnen oder nur durch individuelle unternehmensspezifische Kenngrößen erfolgen können. Diese wiederum erschwert den objek-tiven Vergleich der Unternehmen. Diese Wege der Erfassungen und Messung bilden vor diesem Hintergrund insbesondere für KMU eine nahezu unüberbrückbare Barriere.

Wenn das soziale und ethische Interesse der Bevölkerung weiterhin wächst, werden auch sich die Unternehmen und Einrichtungen jedoch darauf einrichten müssen immer mehr daran ge-messen zu werden. Die ethischen agierenden Unternehmen können letztendlich davon profitie-ren, da das Interesse der Investoren, Gelbgeben und die Anzahl der Kunden wachsen werden. Bereits gesellschaftlich sozial engagierte Unternehmen können durch ihre moralischen und nachhaltigen Wirtschaftsweisen profitieren auch wenn die konkreten Auswirkungen auf den unternehmerischen Erfolg nur mittel und langfristig messbar sind. Dabei ist es immer wichtig, die ethische Verantwortung und die daraus resultierenden Wirtschaftsweisen glaubhaft nach außen zu kommunizieren und auch damit einen Erfolgsbeitrag zu leisten.

Gemeinwohl-Matrix der Gemeinwohl- Ökonomie als Basis für die Bilanzerstellung[45]

Gemeinwohl-Matrix

WERT / BERÜHRUNGSGRUPPE	Menschenwürde	Solidarität	Ökologische Nachhaltigkeit	Soziale Gerechtigkeit	Demokratische Mitbestimmung & Transparenz
A) LieferantInnen	A1: Ethisches Beschaffungsmanagement				
B) GeldgeberInnen	B1: Ethisches Finanzmanagement				
C) MitarbeiterInnen & EigentümerInnen	C1: Arbeitsplatzqualität und Gleichstellung	C2: Gerechte Verteilung der Erwerbsarbeit	C3: Förderung ökologischen Verhaltens der MitarbeiterInnen	C4: Gerechte Verteilung des Einkommens	C5: Innerbetriebliche Demokratie und Transparenz
D) KundInnen, Produkte, Dienstleistungen, Mitunternehmen	D1: Ethische Kundenbeziehung	D2: Solidarität mit Mitunternehmen	D3: Ökologische Gestaltung der Produkte und Dienstleistungen	D4: Soziale Gestaltung der Produkte und Dienstleistungen	D5: Erhöhung der sozialen und ökologischen Branchenstandards
E) Gesellschaftliches Umfeld	E1: Sinn und gesellschaftliche Wirkung der Produkte/Dienstleistungen	E2: Beitrag zum Gemeinwesen	E3: Reduktion ökologischer Auswirkungen	E4: Gemeinwohlorientierte Gewinnverteilung	E5: Gesellschaftliche Transparenz und Mitbestimmung

Die Gemeinwohl-Matrix bietet eine Übersicht über die 17 Bilanz-Indikatoren (A1 bis E5) auf einer Seite. Sie ermöglicht eine umfassende, systematische Betrachtung wirtschaftlicher Aktivitäten eines Unternehmens, einer Organisation oder einer Institution in Hinblick auf das Gemeinwohl. Sie dient vorrangig der pädagogischen, politischen Arbeit sowie der Öffentlichkeitsarbeit. Außerdem stellt sie ein effektives Mittel dar, um einen Gemeinwohl-Bericht zu erstellen. Der Gemeinwohl-Bericht ist ein deutliches Signal nach innen und nach außen und motiviert zu weiteren Entwicklungsprozessen.

---

[45] Verein zur Förderung der Gemeinwohl-Ökonomie (o. J.): Die Gemeinwohl-Matrix, https://www.eco-good.org/de/gemeinwohl-bilanz/gemeinwohl-matrix/, (Zugriff am 2017-04-16).

Literaturverzeichnis

Bak, Peter Michael (2014): Wirtschafs- und Unternehmensethik - Eine Einführung, Stuttgart: Schäffer-Poeschel Verlag, 2014.

Böhrens, Michael; Bednarz Petra; Friedag, Herwig; Heß, Roland; Sierig Annette (2008): Grundsätze ordnungsgemäßen Controllings - Messen von Unternehmensethik, Vortragmanuskript, ICV-AK Berlin-Brandenburg Tagung 04.04.2008

Demele, Uwe (2015): Finanzmarktwirtschaft und Ethik - Wege zum verantwortungsethischen Privatinvestment, München: oekom Verlag, 2015.

Dietfelbinger; Daniel (2015): Praxisleitfaden Unternehmensethik – Kennzahlen, Instrumente, Handlungsempfehlungen, Gabler-Springer, Wiesbaden 2015.

Felber, Christian (2010): Die Gemeinwohl-Ökonomie – Das Wirtschaftsmodel der Zukunft. Deuticke, Wien, 2010.

Fröhlich Andreas .(2013): Gemeinwohlbilanz, in OrganisationsEntwicklung – Zeitschrift für Unternehmensentwicklung und Change Management, Nr. 4 2013; S.90ff, Handelsblatt-Fachmedien, Düsseldorf, 2013

Franz, Hendrik (2007): Ethisch-ökologische Kreditinstitute - Vergleichende Analyse im deutschsprachigen Raum, Saarbrücken: VDM Verlag Dr. Müller e. K., 2007.

Gabriel, Klaus (2007): Nachhaltigkeit am Finanzmarkt – Mit ökologisch und sozial verantwortlichen Geldanlagen die Wirtschaft gestalten, München: oekom Verlag, 2007.

Gabriel, Klaus, Schlagnitweit, Markus (2009): Das gute Geld - Ethisches Investment, Hintergründe und Möglichkeiten, Innsbruck: Verlagsanstalt Tyrolia, 2009.

Göbel, Elisabeth (2016): Unternehmensethik - Grundlagen und praktische Umsetzung, 4. Aufl., Konstanz und München: UVK Verlagsgesellschaft mbH, 2016.

Huber, René (2002): Ethik im Kreditgeschäft - Grundsätzliche Überlegungen und praktische Beispiele, Biel: R. Huber Verlag, 2002.

Leusmann, Klaus, (2013): Kulturwandel bei den Banken; Wiesbaden Springer Gabler, 2013.

Lux, Wolfgang (2012): Innovationen im Handel: Verpassen wir die Megatrends der Zukunft?, Berlin, Heidelberg: Springer Verlag, 2012.

Mödler, Beate, Schürkamp, Michael, Siebenbrock, Heinz, Siebenbrock, Jan, Wiesen, Johanna (2016): Führen Sie schon oder herrschen Sie noch? Faires Management - Der Methodenband, Marburg: Tectum Verlag, 2016.

Strathoff, Pepe, (2013): Creating Shared Value – Wie Porter den Kaptialsimus neu erfinden möchte, in OrganisationsEntwicklung – Zeitschrift für Unternehmensentwicklung und Change Management, Nr. 4 2013; S.90ff, HandelsblattFachmedien, Düsseldorf, 2013.

Ulshöfer, Gotlind, Bonnet, Gesine (Hrsg.) (2009): Corporate Social Responsibility auf dem Finanzmarkt - Nachhaltiges Investment - politische Strategien - ethische Grundlagen, Wiesbaden: VS Verlag für Sozialwissenschaften, GWV Fachverlage GmbH, 2009.

Internetquellen

Böhrens, Michael; Bednarz Petra; Friedag, Herwig; Heß, Roland; Sierig Annette (2008): Grundsätze ordnungsgemäßen Controllings - Messen von Unternehmensethik, Vortragmanuskript, ICV-AK Berlin-Brandenburg Tagung 04.04.2008 (Zugriff am 016.04.2017)

Nutz, Daniel (2014): Die Guten, in Die Wirtschaft Nr. 05/2014, S.8ff; https://www.wiso-net.de/document/ADIW__068073069087073082095201 4%2005050 6902065497625, Zugriff am 13.03.2017Theis. Slivia. (2015): Finanzchefs müssen Nachhaltigkeit in die Hand nehmen, Wirtschaftswoche online, https://wiso.net.de/document/WWON__WW% 2012247224, (Zugriff am 20.03.2017)

Verein zur Förderung der Gemeinwohl-Ökonomie (o. J.): Community, (keine Datumsangabe), https://www.ecogood.org/de/community/, (Zugriff: 2016-11-13)

Verein zur Förderung der Gemeinwohl-Ökonomie (o. J.): Darum Gemeinwohl, (keine Datumsangabe), https://www.ecogood.org/de/vision/darum-gemeinwohl/, (Zugriff: 2016-11-12)

Verein zur Förderung der Gemeinwohl-Ökonomie (o. J.): Die Erstellung des Gemeinwohl-Berichts, (keine Datumsangabe), https://www.ecogood.org/de/gemeinwohl-bilanz/unternehmen/gemeinwohlbericht/, (Zugriff: 2017-02-18)

Verein zur Förderung der Gemeinwohl-Ökonomie (o. J.): Die Gemeinwohl-Matrix, (keine Datumsangabe), https://www.ecogood.org/de/gemeinwohl-bilanz/gemeinwohl-matrix/, (Zugriff: 2017-02-18)

Verein zur Förderung der Gemeinwohl-Ökonomie (o. J.): Erfolge der GWÖ, (keine Datumsangabe), https://www.ecogood.org/de/vision/erfolge-der-gwo/, (Zugriff: 2016-11-12)

Verein zur Förderung der Gemeinwohl-Ökonomie (o. J.): EU CSR Richtlinie - Gemeinwohl-Bilanz als Standard, (keine Datumsangabe), https://www.ecogood.org/de/gemeinwohl-bilanz/eu-csr-richtlinie/, (Zugriff: 2016-11-12)

Verein zur Förderung der Gemeinwohl-Ökonomie (o. J.): Externes Audit: Formen, Fristen und Kosten im Überblick, (keine Datumsangabe), https://ecogood.org/de/gemeinwohl-bilanz/unternehmen/details-zum-gwoe-audit/, (Zugriff: 2017-02-18)

Verein zur Förderung der Gemeinwohl-Ökonomie (o. J.): Gemeinwohl-Bilanz, (keine Datumsangabe), https://www.ecogood.org/de/gemeinwohl-bilanz/, (Zugriff: 2017-02-18)

Verein zur Förderung der Gemeinwohl-Ökonomie (o. J.): Veröffentlichung der Gemeinwohl-Bilanz, (keine Datumsangabe), https://www.ecogood.org/de/gemeinwohl-bilanz/unternehmen/gemeinwohl-bilanz/, (Zugriff: 2017-02-18)

Analysis of developmental role of Non-Governmental Organizations in Iraqi Kurdistan and its impact on long term socio-economic and political stability

Aran Taha

1. Abstract

Iraqi Kurdistan is hot region to for students of international relations and Middle Eastern studies (Yildiz, K. 2007). Most of the studies conducted focuses on capturing oil reservoirs, local politics and war studies (Ahmad, Sofi, Sundelin, & Knorring, 2000; Yildiz, K. 2007). The role of international super powers to hold their foot in Iraqi Kurdistan addressed in books and articles published on Kurdistan (Yildiz, K. 2007). After re-confirmation of autonomy of Iraq-Kurdistan many international players involved in the regional politics to hold their influence in local politics. Gulf wars and current Syrian humanitarian crises have a strong link with the region (Yildiz, K. 2007). Existing crises and worsening conditions of ethnic and sectarian crises results massive immigration (Ihsan, M. 2017). International humanitarian organizations started work with assistance of Peshmerga to facilitate these massive immigrants. Educational and medical camps were formed to continue educational activities of children and adults. Peshmerga play a vital role for NGOs to start and run their operations in war zones. Vocational training programs were started to give hands on skills to the immigrants to enable them to earn their lives (Ihsan, M. 2017). Proposed study will address the developmental role played by UNESCO, Norwegian Refugees Council (NRC) and The Deutsche Gesellschaft für Internationale Zusammenarbeit (GIZ) GmbH for education and settlement of refugees in camps as well as in local communities. The focus will be on the globally recognized Inter-Agency Network for Education in Emergencies (INEE) Minimum Standards. INEE is a comprehensive and participatory approach for areas under crises of wars and emergencies throughout the globe to ensure minimum required level of educational quality is given to people in crises. The results of efforts made by INGOs and Peshmerga in helping refugees to live safely and their socio-economic status will be measured through survey.

2. Introduction

Peshmerga are military forces of Iraqi Kurdistan with president Barzani as chief commander. Peshmerga forces works under the Ministry of Peshmerga and responsible for defense and security of Kurdistan, its people and other governing institutions. Kurds suffered a lot during the Saddam's regime in Iraq (Ihsan, M. 2017). Kurds fighters under different alliances were striving for autonomy and independent Kurd state. The region faced many humanitarian crises during second half of last century and in first decade of 21st century. Kurdistan is an emerging autonomous region in Iraq and almost similar to an independent country in the Middle Eastern region. A region located in the heart of Middle Eastern warfare, is maintaining peace for its people and started economic alliances with civilized 1st world countries in the west (Ihsan, M. 2017). Proposed exploratory study will analyze the KRG in context with management and administration of Peshmerga and the importance of role played by Kurdish Peshmerga in assisting NGOs since the end of Saddam's regime in Iraq in 2003. Peshmerga assisted non-governmental organizations funded by United Nations, United States, European countries and Middle Eastern governments. The role of Peshmerga for maintaining security of land and institutions and to keep people united is important to understand for longer term sustainable development of Kurdish nation. However, the implied interests of western countries will be studied in detail through this study by evaluating the programs run by NGOs with assistance of Peshmerga and outcomes of programs for long term sustainability of peace, economy and political administration.

Topic of this study is selected to develop research skills in the areas of international politics and management of national level volunteer organizations. Outcome of this study will be helping for development of new strategies for the region as well as give insights of successful management of Kurdish Peshmerga in assisting INGOs.

3. Problem Statement

Kurdistan Regional Government (KRG) officials announced arrival of 2 million IDPs seeking refuge in Iraqi Kurdistan, after brutal attacks on civilians from ISIS in Anbar. Most of the IDPs are living in rented houses; KRG is unable to build enough refugee camps to restrain refugees in camps (Ihsan, M. 2017). The crises between Erbill and federal government of Iraq on financial resources required to accommodate 2 million refugees are rising. The situation is worsening in Iraq and Syria with passage of time and influences of ISIS and other riots. The KRG initially welcomed refugees with open heart but consequences of refugees on socio-economic life of local communities will be drastic, except policies for long term development of Kurds in north of Iraq are not developed and implemented with full national spirit and with strong support of international community (Ihsan, M. 2017).

Influences developed by world leaders through internationally funded non-governmental organizations is an area require attention. Local supporting elements including independent militant groups, political parties and Peshmerga, their mode of assistance to NGOs will be address in the proposed study to analyze KRG strategy for long term sustainable economic and social development of Kurdish public in the region. The impact of programs run by NGOs on socio-economic development of Kurdistan in assistance with Peshmerga will be analyzed and the extent to which these programs will strengthen the administrative and economic control of KRG over populace.

4. Theoretical Framework

4.1 Foucault's theories of governance

Michel Foucault's concept of Governmentality described by his fellow researchers as the policies, systems, institutions and strategies by which a society is rendered governable. Governmentalization is further explained as *"The process, or rather the result of the process, through which the state of justice of the Middle Ages, transformed into the administrative state during the fifteenth and sixteenth centuries, gradually becomes 'governmentalized."* (Foucault, Burchell, Gordon, & Miller, 1991)

Foucault's define Biopower as *Biopower is literally having power over other bodies, "an explosion of numerous and diverse techniques for achieving the subjugations of bodies and the control of populations" (Foucault, 1990).*

The proposed study is to examine the role of Peshmerga being an enforcement agency of government to make general public to follow the law in the longer term. Peshmerga are governed by KRG to help and support government and NGOs projects for human development in the region. KRG successfully govern its welfare projects in assistance with NGOs and logistics support of Peshmerga under Ministry of Peshmerga Affairs and improved the living conditions of IDPs and local community. Success of the KRG through Peshmerga will be measured on the basis of Foucault's theory of Biopolitics. According to Focault's philosophy, politics and economy are though not exist tangibly but also cannot be considered as illusion at the same time. Politics and economy are carved under the regimes exercising power and authorities. The components of Biopolitics including population access to the livelihoods and government control over resources which are required to maintain healthy lives as well administrative control over public. Proposed study will address strategies, processes and practices adopted by KRG to gain control over material resources as well as on general public through Peshmerga and other supporting international partners.

4.2   War for Black Gold
The dominant international powers including Russia and USA want to benefit from oil reservoirs of Middle Eastern region and seeking strong footing for influencing the policies and politics of this oil rich region (Atarodi, H. 2003). 1st world countries seek partners including militant wings and political agents to execute their plans (Atarodi, H. 2003). But these are not enough to sustain their influences in the longer run. To run smooth oil production operations and transportation require peace in the oil producing regions. Financial assistance for reconstruction of infrastructure and to meet emergencies could not ensure peace in longer run (Frynas, J. G. 2005). International community should invest in people for their socio-economic uplift that could leads to peace in the world.

4.3   Role of Non-governmental organizations
Dominant powers gain public sympathies by funding international humanitarian organizations and NGOs. Public sympathies have a vital importance to action on long term plans of governments and international stakeholders in any specific region (Frynas, J. G. 2005). In Iraqi-Kurdistan IDPs are accommodated in localities as well as in refugee's camps. Education and vocational training programs were run by different humanitarian organizations since 2003 and onwards (Ihsan, M. 2017).

4.4   Peshmerga Establishment
Peshmerga grew up from a group of local tribal fighters to an army for independent Kurdistan and now it is considered as savors of Kurdistan and backbone for development of Kurdistan in the world map (Ihsan, M. 2017). Governance is all about exercising political, administrative and economic power and authority to manage sources of production of a country for its short term and long term development. The governance exercised through public institutions, organizations and groups in a society for collective good of people of a country or community (Grindle, M. S. 2004). Peshmergas were initially volunteer freedom fighters organized and converted in a proper army. The collaborative role Peshmerga played especially after re-confirmation of status of autonomy in Iraqi Kurdistan back in 2005 is very significant (Ihsan, M. 2017; Yildiz, K. 2007). Successful governance in worse conditions through Peshmerga is an area needs to be explored in depth. Peshmerga alone could not hold its foot and made its reputation in Kurdistan. Peshmerga fighters though trained by United States to fight as gorilla warriors and the desired outcome is delivered at some extent but management of wars is quite different then management for development of peace in general public. In addition and logistics support role of International Nongovernmental Organizations (INGOs) in development of human resource in Peshmerga is gray area require attention of researchers (Ihsan, M. 2017; Yildiz, K. 2007). The logistics support from international community for Kurdistan government is well addressed in previous studies but governance through a militant group for public administration is quite a

unique experiment in Kurdistan. International and regional stakeholders including local political parties hired Peshmerga to sustain peace and economic prosperity.

5. Hypothesis

H1. Vocational Education and general assistance of NGOs extended to IDPs will contribute positively for long term socio-economic development of Iraqi-Kurdistan.
H0. Development programs run by NGOs will benefit Kurds only in short term.

6. Research Questions

Extensive literature review will be conducted for proposed study. In addition to primary research questions the study will describe the contribution of Peshmerga for running smooth operations of INGOs in Iraqi-Kurdistan for IDPs on the basis of established facts, figures and researches. Quantitative part of the study will answer following research questions.

1. Whether INGOs are improving living conditions and giving basic skills to people so that they can find jobs in western companies or they are developing entrepreneurial skills in Kurds for ultimate contribution to the sustainable national development?
2. What is role of Peshmerga in accommodating IDPs? Is this just helping them in saving their lives or it is a real contribution in assisting NGOs for human resource development?

7. Methodology

Quantitative research methods focusing on outcomes of role of NGOs and Peshmerga will be used to quantify results of the study. Statistical tests will be performed on data collected through surveys and questionnaires to check validity, reliability and relationship among variables and to approve or nullify hypothesis based on literature review (Neuman, 2002).

7.1 Data Collection
In proposed research study will use quantitative research approach to infer from data collected. Data will be collected through online and conventional survey methods. Socio economic status of immigrants from different regions of Kurdistan will be collected. Their initial and current socio-economic status will be analyzed to quantify outcomes of this study.

7.2 Research Design
Survey questionnaire will be composed of four sections. 1st will contain demographic information, 2nd to measure duration of vocational or professional trainings received from NGOs platforms in months. 3rd will deal with duration of professional service or entrepreneurial activities performed by recipients of trainings or education. Duration off trainings and education will be classified in ranges and same will be applied for professional services and entrepreneurial activities. Entrepreneurial activities will be further divided into different levels like SME owners, sole proprietorships, small businesses and shareholding; same applies for services as well for example operational staff, Floor Managers, Middle Management and senior manage-

ment. Fourth section will be based on several questions about role of Peshmerga in accommodation and facilitation for refugees during crises and trainings. These questions will be asked on 5 point likert scale.

7.3 Material

Both simple and paper printed questionnaire will be used to for this study as the questions will be of used to collect opinions of respondents.

7.4 Participants

Male and females who studied in either emergency schools or vocational training centers established in cooperation of INGOS and serving in industries or running their businesses. In addition to direct beneficiaries of INGOs p same survey will also be floated to economists, political administrators, Peshmargas and researchers at Duhok university. A minimum of 100 questionnaires will be filled by the respondents.

7.5 Procedure for Collecting the Data

Contacts and addresses of recipients of trainings and education from INGOs platform will be collected from officials of INGOs and Peshmerga. Both online and offline mediums i.e courier and online google docs will be used to collect data from potential respondents.

7.6 Procedure for Data Analysis

Data will be entered in SPSS software. Reliability and validity of data and survey tool will be tested. Relationships among variables will be analyzed and appropriate interpretations will be made (Bryman, 2012).

8. Ethical Consideration

All the literature studied in development of this proposal and for actual research will be cited properly to give credit to the researcher. Personal information collected through questionnaire will not be shared without permission of respondents of the questionnaire. Survey questionnaire will be floated with declaration from the researcher for guaranteed confidentiality and anonymity of the respondents.

9. Possible Limitations

Scope of this study is limited to target population. Sample respondents may not represent whole population of Kurds living in other neighboring countries.

References

Ahmad, A., Sofi, M. A., Sundelin-Wahlsten, V., & Von Knorring, A. L. (2000). Posttraumatic stress disorder in children after the military operation "Anfal" in Iraqi Kurdistan. *European child & adolescent psychiatry*, *9*(4), 235-243.

Yildiz, K. (2007). *The Kurds in Iraq: the past, present and future*. Pluto Press.

Ihsan, M. (2017). *Nation Building in Kurdistan; Memory, Genocide and Human Rights*. University Routledge Taylor & Francis Group (Pp 25).

Foucault, M. (1990). The history of sexuality: An introduction, Vol.I, p.140. *Trans. Robert Hurley. New York: Vintage.*

Foucault, M., Burchell, G., Gordon, C., & Miller, P. (1991). *The Foucault effect: Studies in governmentality*. University of Chicago Press.

Atarodi, H. (2003). *Great Powers, Oil and the Kurds in Mosul:(Southern Kurdistan/Northern Iraq), 1910-1925*. University Press of Amer.

Frynas, J. G. (2005). The false developmental promise of corporate social responsibility: Evidence from multinational oil companies. *International affairs*, *81*(3), 581-598.

Kurdi, A. A. (1984). The Islamic State. *London: Mansell.*

Grindle, M. S. (2004). Good enough governance: poverty reduction and reform in developing countries. *Governance*, *17*(4), 525-548.

Brand Management Strategy in the Consumer Market (FMCG) with the Help of Ethical Advertising Correction

A.A. Vereteno; The School of International Business
M.G. Freze, MA; The School of International Business
F.M. Dostoevsky; State University Omsk

Many books and articles have been written about brands. However, there are no clear-cut planning algorithms of brand management strategy in marketing theory and practice. There are also difficulties with the ethical aspect of the promotion. Therefore, the main purpose of the article is to present the authors' algorithm of planning brand management strategy for the FMCG market and describing methods of ethical advertising correction.

The last few years have shown that the main trend of business growth is its virtualization. Internet technologies play an important role in all spheres of activity of most companies. They have also great impact on the concept of marketing in these companies.
The Internet has unique advantages, the main of which is the low cost of the development of awareness on the global market. The interactive nature of the Internet allows to introduce and assimilate the information effectively that in turn reinforces the link between businesses and consumers and outputs this link to a higher level.
So, the market FMCG (Fast Moving Consumer Goods) refers to the market of consumer goods. These products are relatively cheap and quickly sold. For the market is characterized by a high level of competition, seasonality of sales for specific product categories, as well as the continuous development of new brands and types of goods.

Based on the purpose of the article (presentation of planning algorithms of brand management strategy) the following tasks can be formulated:

* Determination of the objectives of creation and brand management;
* Creation of organizational structures and implementation of actions aimed at the maintenance and development of the brand;
* Selection of the target segment on which brand positioning and other identifiers of the brand will be based;
* Promotion of the brand with the help of ethical advertising correction.

1) Targeting (strategic, marketing and communication objectives of the company in the field of brand management).At this stage the company defines goals according to which the brand will develop. General and specific objectives of the organization are formulated.
The general objective of a commercial organization is to obtain profits, create a "unique image" and brand capitalization.
The general (strategic) objectives, which are usually between 4 and 6, represent the organization's most important activities aimed at the achievement of the main goal.
Specific objectives (tactical objectives) reflect the state of the main organizational subsystems and are based on the strategic ones. Tactical objectives which are developed in each unit determine the main directions of its activities in the light of the implementation of common objectives. These objectives include medium- and short-term periods and are expressed in quantitative terms, allowing them to serve as a basis for planning.
Such a tool named "Tree of Objectives" can help order the presentation of objectives for the creation and brand management

2) Creation of organizational structures and implementation processes focused on the mainte-nance and development of the brand. At this stage it is necessary to work on the organiza-tional structure of the business to match the objectives and tasks set by the company. If the company uses the linear-functional organizational structure, the staff, responsible for launching of the brand on the market, must be given additional objectives and tasks about the new brand. If there is a need to create a separate division which will deal directly with the development and implementation of the brand on the market, in this case, a divisional, or project organization, structure must be used.

3) Selection of the target segment on which brand positioning will be based. It is necessary to conduct a market segmentation to identify target customer segments on which the company will affect, carrying out marketing activities. The company may choose to apply to the entire market or focus on one or more specific segments within its basic market.

4) Development of the combined brand identity.
The purpose of this phase is to develop a set of brand identity. The combined brand identity is a set of components (intangible) and characteristics (tangible) of the brand, expressed as subjectively perceived emotions and objectively rational reactions of the consumer.
Work on the combined brand identity is very complex and time-consuming. First of all, it is so due to the diversity of views on approaches and methods for creating the elements of the brand. Brand managers need time out to analyze this information. Secondly, it is nec-essary to conduct a thorough market research.
So, subjectively perceived brand identifiers (intangible components of the brand) are the constituent elements of the brand concept and include concepts such as positioning, legend, core values, individuality and DNA of the brand.
The tangible characteristics of the brand such as a commodity; name; logo; range; price; form style; packaging belong to the objectively perceived brand identifiers.

5) Promotion of the brand with the help of ethical advertising correction.
Brand promotion can be conditionally divided into two parts: on the one hand, it is neces-sary that the consumer is aware of the fact that certain goods of the company sell in the network, on the other hand, it is necessary to engage in the promotion of the product itself. In the first case, different tools of promotion of sites are used, in the second one, the mar-keting tools that affect purchasing decision on the Internet must be used.
Brand promotion must pass an ethical correction as this is very important from the point of view of morality. There are two basic approaches to the valuation methodology of ethical advertising. The most accurate and strictly regulated advertising regulation methods are usually the following:

1) Legislative
These are normative documents and acts which aim at establishing ethical standards of advertising, which require that any advertising message must be made taking into account the current legislation and on the basis of a sense of social responsibility. In this case the key concepts of ethics limiting advertising activity are:
☐ legality,
☐ decency,
☐ honesty,
☐ correctness,
☐ authenticity.

These ethical categories should be attributed to the universal norms of behavior, as they are primarily recorded in international legislative documents. At the same time, taking into account the definition of improper advertising, which must be prevented by the Federal Law "On Advertising", another category can be added to the already mentioned concepts, namely: safety of advertising information for health, property, honor, dignity or business reputation of citizens, as well as for the environment.

2) "The method of the social contract"

Brand managers and advertisers in their professional activities must take into account, in addition to laws, another important factor - views on matters of ethics and morality that are the most common in modern society. Otherwise their work will be ineffective and it will cause the target audience's irritation and disapproval. At the same time the advertised company can make a loss.

Social responsibility of advertising is primarily a question of upbringing, education and conscience of its creator, as the basic ethical norms cannot be documented in full, these norms simply exist in the society.

There are the following principles of ethical advertising correction:
1. personal ethics;
2. gender ethics;
3. sexual ethics;
4. age ethics;
5. racial and national-cultural ethics;
6. confessional ethics;
7. legal, regulatory and corporate ethics;
8. environmental ethics;
9. ethics towards animals, etc.

Thus, the brand management strategy on the consumer regional market is based on the successive stages using the ethical advertising correction as the best way of promotion.

Sources:

Алексунина В.А. Маркетинг в отраслях и сферах деятельности: учебник / Под ред. В.А. Алексунина. – М.: Дашков и К, 2007.

Васильев Н. Как добиться успеха в брендинге.: http://www.aup.ru.

Веснин В. Менеджмент. – М.: Проспект, 2006.

Виханский О. С. Наумов А.И. Менеджмент. – М.: Гардарики, 2013.

Дмитриева Л.М. Разработка и технологии производства рекламного продукта. – М.: Экономистъ, 2006.

Котлер Ф. Маркетинг Менеджмент / Под ред. Л.А. Волковой, Ю.Н. Каптуревского. – СПб.: Питер, 2007.

Райзберг Б.А., Лозовский Л.Ш., Стародубцева Е.Б. Современный экономический словарь. – М., 2014.

The Canadian Code of Advertising Standards.: http://www.adstandards.com/en/standards/can-codeofadstandards.aspx

Vaux, Robert. What Is the Difference Between Unethical & Ethical Advertising?: http://smallbusiness.chron.com/difference-between-unethical-ethical-advertising-19262.html

MacLellan, Marcie. Brands up their game in ethical advertising. The Guardian. 10/12/2015. https://www.theguardian.com/media-network/2015/dec/10/unethical-advertising-out-dated-trend-feelgood-marketing

Moral and ethics in economy and society. Russian experience

Kravchenko Vladislav
Omsk State University

Introduction

Quite often a person faces with a moral choice: what to do in a particular case? Frequently some problematic situations appear, in which you have to take some steps immediately. It seems that one and another solution are beneficial, right, it's hard to choose any of them. So there dilemmas appear - a situation in which the selection of one of the two opposing solutions are equally difficult.

The choice is largely caused by norms and traditions of the person making the decision, as determined by the motivation of its economic behavior.
Thus, the purpose of this essay is to consider morality and ethics in the economy and society in Russia.

To achieve this goal the following objectives are pulled:

1. To consider the concept of morality in the market;
2. To describe the historical aspect and the present state of morality and ethics of business and society in Russia.

This essay consists of an introduction, two chapters, a conclusion and list of sources.

Morality and ethics of business and society in Russia: history and a current status

Nowadays business is an inseparable and the most important part of economy and society in Russia. By the end of 20th century there were 3 groups of entrepreneurs in Russia.

*   Political party members.
*   People from black market (shadow economy) who couldn't find themselves in their profession or because of a concatenation of circumstance.
*   Engineers, teachers, medical workers.

Smirnov G.N. analyzed these three groups. Representatives of the first group and some members of the second are the elite of market. Some representatives of the first and second groups are trying to change the situation. Business is not the purpose of their life, it is only a temporary activity for them. Members of the third group are very persistent. They are considered to be the foundation and the hope of the modern Russian business. Portrait of a modern Russian entrepreneur consists of the characteristics of the three groups which were described above.
If we compare this portrait with a portrait of a business person from times of the Russian empire we can see a similarity only with the third group.
Characteristics of Russian business is influenced by the fact that gaining new experience in the scope of business communication, and the transition from the habits acquired in the administrative-command system, to the habits necessary for the efficient conduct of affairs in the modern economic system is spontaneous.

Today, the main features of modern Russian business culture are: electoral ethics in business relations, relations with government officials, attitude to charity, parity and hospitality to foreigners, religious views of entrepreneurs.

These features, which were identified in the process of studying the behavior of the entrepreneur, characterize ethical standards in the world.

In 1912, the seven principles of leading business in Russia were generated. They are:

1) you have to respect the government
2) you have to be honest and truthful.
3) you have to Respect private property rights.
4) you have to respect a worker.
5) you have to keep your promises.
6) Live within your means
7) Be purposeful.

A comparison of these rules of ethics (from 1912) with the new ones (from 1998) shows us that the third and the seventh principles are unclaimed. These principles were about the need of working for the good and the sense of purpose within the framework of morality.

Demonstration of high morality of pre-revolutionary Russian business was the culture of fair competition. We should also note unattractive qualities that are typical for the majority of the bourgeoisie at the beginning of 20th century. They are: greed, extravagance, a tendency to deceit and speculation, related to the lack of culture and limited horizons.

In 1998 new principles were added: the principle of nonviolence, lawmaking, confrontation of crime and corruption shift from ethical and economic aspects on legal compliance. Adding to the modern Code of Ethics legal component shows us the respect for the law and the weakening of the ethical dimension in the business culture of modern Russia. This is confirmed by the factors:

- The growth of the Russian economy was marked as well as the increasing of the ethical component of business after the legalization of old believers during the reign of Catherine II.
- The legalization of the shadow economy in the 20th century led to the growth of the economy with a parallel increase of crime.

The relationship between business practices and ethical behavior in Russia

Ethics and morality take place in the relationship between the partners, banks and investors. As "90th" are gone, no one will cooperate with "unfair" business owners. Nowadays it is important to pay credit on time, comply with the terms of the contract, to respect the deadlines. The morality in modern business is that you shouldn't take part in obviously illegal projects. Nowadays the enterprise reputation is maintained so it helps to observe ethics.

Everyone has heard the phrase "there is no crime at which a capitalist will scruple for 300% profit" this phrase was originally said by famous economist Dunning and quoted by Marx. In other words, morality and ethics are beneficial to entrepreneurs at this stage. Nowadays company culture and the active social policy of large companies are forming.

Working conditions are improving; the social component in the total amount of remuneration is increasing. Under such conditions, small and medium-sized enterprises can not compete with corporations. Small and medium-sized enterprises have a terrible lack of staff, mainly of professionals. Due to the social benefits, workers are trying to stay in large companies. So all the professionals are in big companies and the others are in small business.

Capitalism is a cruel thing. Everyone is on his own. If a person can not find a job at least with a minimum wage, he would not survive in the modern world. In this way there can not be any morality from employers towards employees. In large corporations, the moral and ethical principles are violated due to the fact that the corporation uses its social policy and may violate the Labor Code.

If you do not want to work overtime, to work during the weekend, or to perform the duties of others - leave. And workers have to endure it, because small business can not provide them decent wages and benefits according to their qualification. At the enterprises of small and medium-sized businesses much more attention is paid to issues of morality and ethics in the work.

Firstly they follow the same criteria in relationships with partners as the large corporations do. Secondly, owners of small enterprises often come out of the work environment, so they are much closer to the workers and better understand their needs. Of course, they can not afford benefits package at the same level as large corporations, but they try to consider interests of workers. Sometimes there are violations of labor rights in enterprises because of these reasons:

Managers have no choice but forcing employees to work overtime without proper working conditions, otherwise the company will not survive.

Managers know that the workers can't leave their jobs, because they don't have enough money to live.

After leaving the large enterprise, an employee can go to the smaller one (usually with a lower salary). But there's nowhere to go from a small enterprise.

Thus, we can conclude that there are moral and ethics in business nowadays.

However, they are at the time and place where it is profitable for an enterprise. In all other cases, entrepreneurs do without moral rules.

Conclusion

Entrepreneurs who want a long-term relationship have to follow the moral standards with their partners.

The needs of employees in modern enterprises are defined by the general and corporate culture. The Companies are implementing the program of business ethics to help employees in solving the ethical issues and social responsibility issues and environmental protection. Moral dilemmas are quite common, both in everyday life and in business. Ethical dilemmas are characterized as a conflict situation when you need to decide to do or not to do anything that is economically beneficial, but does not follow the moral standards.

Questions of moral dilemmas in business are insufficiently studied by Russian authors, and therefore requires more detailed consideration.

Sources

Bataeva B.S. Valuable orientations of the economic behavior of Russians: the cultural and religious aspect // Problems of Modern Economics, 2014. P. 342-347.

Guseinov A.A. Once again, the possibility of a global ethos // Age of Globalization. 2014. № 1. P. 24.

Drucker, PF Management Tasks. M .: - 2004. P. 111.

Eskindarova M.A., Belyaeva I.Y., Corporate Social Responsibility. Under..: KNORUS, 2016 P. 320.

Mintzberg H. Act effectively. - SPb .: 2011. P. 209.

Moral dilemmas in business ethics. Business ethics. - URL: http://studme.org/ - (reference date 10/14/2016).

Friedman M., Capitalism and Freedom. M., 2006. P. 157.

Chumakov The humanitarian dimension of globalization: the Russian dimension // Geopolitics and Security. 2015. № 4. P. 42.

Friedman M. The Social Responsibility of Business is to Increase its Profits // Business Ethics. N. Y., 1990. P. 153.

Geva A.A Typology of Moral Problems in Business: A Framework forEthical Management // Journal of Business Ethics. 2006. Vol.69. N. 2. P. 133-147.

Modern Aspects of Teaching in Vocational Training Colleges

H. M. Akramov
J. R. Mukhitdinova
Namangan State University, Uzbekistan

Abstract: the article considers the question of skilled specialist preparation on the base of interactive methods of education. It also reviews educational technology issues and introduction form of education based on information technologies.
Keywords: specialist, modernization of educational process, integrative education, pedagogical technologies

Scientific-technical progress and the state of innovative activities in any country are considered as the main indicator of development. The needs of modern development of society set the number of tasks in front of vocational education, dealing with the reformation of the system of training.

Modernization of vocational training in Uzbekistan, its transition to the training of competitive specialists reflect the main development trends and modern requirements of society to enhance the integrity and fundamental theoretical training and its relationship with practice and life. In these circumstances, scientifically founded construction of the structure and content of integrative training courses are becoming a matter of current concern in preparation of future specialists.

Scientific substantiation of the content and didactics of mastering knowledge and skills on special subjects based on modern methodological approaches and innovative achievements of psychological and pedagogical science and industry.
The implementation of new information technologies into education has led to the development of new educational technologies and forms of teaching based on electronic processing and transmission of information.

In spite of the development of technical means and technology used in teaching process, it is necessary to note that the quality of teaching depends on organization of teaching process, perfection of teaching materials and the ways of presenting them.
The content of any profession is determined by the objective requirements of manufacture developing on the basis of leading achievements of sectorial science and socio-economic demands of society. These requirements for engineers-teachers of special and technical disciplines of professional colleges are expressed in the goals and objectives of training well- qualified young specialists.

The success of the objectives, on the one hand depends on professional training, on the other hand the level of pedagogical skills of teachers.
In educational psychology there are several areas of investigating the problems of formation of pedagogical competence as the basis of pedagogical skill of the teacher. One of these areas is the structural-functional approach, which is based on the idea that the process of formation of the personality of the teacher in high school would be more effective and purposeful if the basis of the training focused on specific pedagogical skills associated with the psychological activity of the teacher. It is considered as a system and the sequence of actions to achieve the objectives through the solution of pedagogical tasks.

It should be noted that interactive teaching methods play a great role in the development of the educational process and acquisition of knowledge by students. Training of students of special subjects and the organization of sessions based on the use of educational technologies can improve the efficiency of training.

In the structure of pedagogical activity there are five functional components: the Gnostic, constructive, organizational, prognostic, communication, which corresponds to a system of certain skills.

The use of graphic organizers, such as Clusters and crosswords are the most popular. These techniques are considered as one of the well thought-out strategies and give the opportunity to work with students both individually and in groups.

Sources:
1. I.A. Karimov. "National program about the preparation of workers of the Republic of Uzbekistan". T., 1997.
2. I.A. Karimov. Lecture on the grand meeting dedicated to 21th anniversary of the Constitution of the Republic of Uzbekistan. T. 6th December, 2013.
3. Muhina S.A., Solovyova A.A. "Modern innovative technology of education" M.: ГЭОТАР. – Media, 2008.
4. Xodjaboev A.R., Xusanov I.A. Kasbiy ta`lim metodologiyasi. O`quv qo`llanma. –T.: 2006.
5. Olimov Q.T. Kasb ta`limi uslubiyati. O`quv qo`llanma. – T.: 2006.

Foreign Language Teaching in the Process of Vocational Education

H. M. Akramov
J. R. Muhiddinova
Namangan State Univesity, Uzbekistan

Abstract: the article considers the issue on preparation of students to professional activity using English words and its influence on student training level. The article also illuminates question of using interactive methods in the process of teaching subjects on specialty.

Keywords: foreign language education, vocational training, teaching technologies, educational process.

The ongoing reforms in the Republic of Uzbekistan require increasing the development of education and upbringing of the youth. Personal interests and modern requirements of education step up educational and upbringing process and training comprehensively developed personality among the young generation.
It should be noted that in recent years the government of the Republic of Uzbekistan has paid special attention to education.

It is safe to say that the role of modern teaching methods is very important in improvement of the educational process and acquisition of knowledge by the students. Learning foreign languages in educational institutions, in particular, in the process of teaching subjects on specialty and the organization of sessions based on the use of educational technologies can improve the efficiency of teaching and learning process and, at the same time, give an opportunity to learn a foreign language. Students have a chance not only to understand the topic on specialty, but also they enrich their foreign language vocabulary in specific area.
As a matter of experience we can say that learning new words in foreign languages, particularly, in English on vocational and special disciplines is very important. The integration of English into lessons on specialty through different pedagogical technologies makes the teaching and learning process more beneficial for both teachers and students at the same time.
The use of graphic organizers such as Clusters and crosswords are the most popular in teaching field. These techniques are considered as fruitful strategies and give the opportunity to work with students both individually and in groups.
Let's view the use of clustering in the practice part of the lesson on the subject Fundamentals of clothing design.
Presenting the exercises using new words in English with their translation at the beginning of classes is a productive method. Because in order to effectively achieve the educational goals students should constantly enrich their vocabulary range in their specialty. After presenting new words the teacher divides students into groups, and gives the main starting word to the each group.

For example:
For 1st group – "fabrics"
For 2nd group – "cloth"
For 3rd group – "scissors"

After the cluster is ready, the students have to give explanations to every word.

The benefits of this method are the following:

- developing students' independent thinking skills through the process of individual work;
- an opportunity to learn new words and terminologies in English on specialty;
- rises the acquisition of new theme and pinning it in a memory.

Figure1.

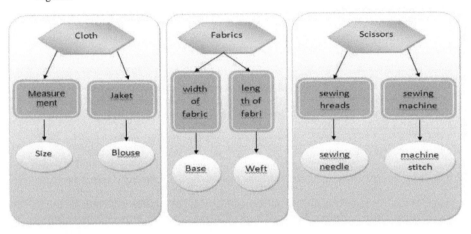

Also, consider another method, which gives a good effect. It is a making- up crossword. More-over, it is a favorite activity of both young and adults. As the above-described method, this method also helps to develop memory skills, enhances self-study, and enriches the vocabulary of English.

Students pay attention to the spelling of words while making up crosswords because one wrong letter or its absence in the word leads to the incorrect solution of a crossword. Such kind of learning process increases the interest of students to the subject.

Figure 2.

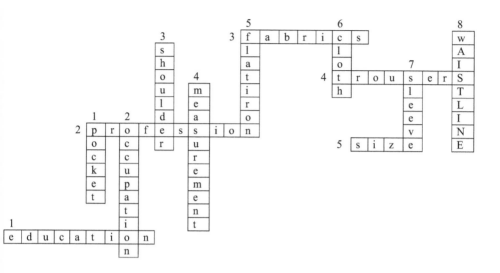

Through horizontal:	Through vertical:
1. Образование 2. Профессия 3. Ткань 4. Брюки 5. Размер	1. Карман 2. Занятие 3. Плечо 4. Измерение 5. Утюг 6. Одежда 7. Рукав 8. Талия

The implementation of foreign languages into teaching subjects on specialty with the use of interactive methods allows the young generation to widen their knowledge and skills in specialty.

At the same time it gives an opportunity to learn and study a foreign literature, to use information obtained from the Internet. Furthermore it can serve as a source for communication and exchange of information on their future career with their peers from around the world. And this is another important incentive for today's youth to learn foreign languages.

We believe that our highly intelligent future specialists with deep knowledge and skills will bring our country to a higher and qualitative level of development.

Sources:
1. I.A. Karimov. "National program about the preparation of workers of the Republic of Uzbekistan". T., 1997.
2. I.A.Karimov. "About the measurements of further developing system learning foreign languages" T., "National words", 2012.
3. N.S.Gaipov., M.Z.Ismatullayev. "The foundation of sewing technology", School-book. T. 2006.
4. Беспалько В.П. Педагогика и прогрессивные технологии обучения. Институт профессионального образования России. М.1995.
5. Golish L.V., Fayzullaeva D.M. Pedagogik texnologiyalarni loyihalashtirish va rejalashtirish. -T. 2010.

Ethik und Wirtschaft

Prof. Dr. Fritz-René Grabau

Gliederung
1. Das Gegensatzpaar– „Wirtschaft und Moral"
2. Ethische Grenzen des Machbaren
3. Wirtschaft – eine wertfreie Zone
4. Auflösung des Widerspruches
5. Auslagerung von Dienstleistungen

1. Das Gegensatzpaar – „Wirtschaft und Moral"

„Wirtschaft und Moral sind zwei Begriffe, die insbesondere in den letzten Jahren in der öffentlichen Wahrnehmung oft als ein Gegensatzpaar empfunden wurden. Wenn von der Ausbeutung von Arbeitnehmern, vom Geiz der Konsumenten, von der Gier der Manager oder einer unfairen Verteilung zwischen Armut und Reichtum die Rede ist, dann macht dies deutlich, dass wirtschaftliche Aktivitäten vielfach als unmoralisch empfunden werden. In der jüngeren Vergangenheit hat insbesondere die Finanz- und Wirtschaftskrise 2008 das Vorurteil breiter Bevölkerungskreise gefestigt, dass die Marktwirtschaft moralisches Fehlverhalten befördere. Auf der anderen Seite bedingen sich wirtschaftliches Handeln und gesellschaftliches Gemeinwohl in vielen Fällen. Wenn der Wettbewerb funktioniert, dann sichert dies Handlungs- und Wahlfreiheiten, innovationsbasiertes Wirtschaftswachstum und eine bedarfsgerechte Allokation von Gütern und Dienstleistungen. In Bildungsprozessen sollte dementsprechend die Moral nicht per se gegen die Wirtschaft in Stellung gebracht werden. Dies würde die gesellschaftlichen Vorteile der Marktwirtschaft in fataler Weise ignorieren."[46]

2. Ethische Grenzen des Machbaren

Die Wirtschaft dient der planvollen Befriedigung menschlicher Bedürfnisse. Je planvoller, geregelter und geordneter dieser Prozess abläuft, desto besser für die Beteiligten – kleine und große Unternehmen sowie für private und öffentliche Haushalte. Aber die Wirtschaft ist nicht allzuständig und kann nicht alles leisten. Sie braucht Grenzen und Schranken, Normen und Werte. Sie muss eingebettet sein in eine tragfähige Kultur des Gebens und Nehmens, eine soziale Ordnung, die rationalen Prinzipien des menschlichen Zusammenlebens folgt. [47]

Der große griechische Philosoph Aristoteles (382-322 v. Chr.), der der Ökonomie ihren Namen gab und sie als eigenständige Disziplin auf den Weg brachte, betrachtete sie als eine Gesellschaftslehre, die moralischen Prinzipien folgt. Der „Homo oeconomicus" steht danach nicht über dem „Homo politicus", genauso wenig wie die Wirtschaft total einer politischen Ideologie unterworfen werden darf. Wohin letzteres führt, hat sich demgegenüber am Aufstieg und Fall

---

[46] http://www.ioeb.de/wirtschaft-ethik (abgerufen am 23.07.2017)
[47] http://www.stuttgarter-zeitung.de/inhalt.wie-viel-ethik-braucht-die-wirtschaft-der-moralische-kapitalist.cf02ed8b-f366-4667-9585-756f1ccdf159.html (abgerufen am 01.08.2017)

des Sozialismus gezeigt. „Oíkos" und „nomos Haus und Gesetz, bedingen demnach einander, bauen aufeinander auf, greifen ineinander, ergänzen sich.[48]

Dass die Wirtschaft keinen moralfreien Raum darstellt, ist freilich keine Sichtweise die selbstverständlich ist. Es gibt immer noch viele, die demgegenüber glauben, sie müsse sich ausschließlich an den Maßstäben der Effizienz und der Gewinnmaximierung orientieren. Der dem zugrundeliegende Meinungsstreit hat zudem eine lange Geschichte. Die einen sagen, dass die Wirtschaft wie ein System funktioniert, in dem die Moral möglichst ausgeschaltet sein sollte. Und moralische Aspekte würde das Wirtschaftsleben nur unnötig stören. Die Welt der ökonomischen Tatsachen sei das eine, das Universum der Werte das andere. Beide haben nach dieser Theorie nichts oder nur wenig miteinander zu tun.[49]

3. Wirtschaft – eine wertfreie Zone?

„In der Theorie der Wirtschaftsliberalen wird der Markt als ein evolutionäres System verstanden, das sich wie die Natur entwickelt und in dem die Interessen der beteiligten Tauschpartner ausgeglichen werden. Überleben werden nur danach nur die am besten angepassten Individuen. In diesem Sinne hat der britische Sozialphilosoph Herbert Spencer (1820-1903) in der zweiten Hälfte des 19. Jahrhunderts die Darwinsche Evolutionstheorie für das Gesellschafts- und Wirtschaftsleben umgedeutet. „Andere Wirtschaftstheorien sagen das genaue Gegenteil", „Es gibt nicht das freie Spiel der Kräfte. Wenn jeder nur seinen eigenen Nutzen sucht, kommt das Gemeinwohl nämlich irgendwann unter die Räder"."[50]

Die Frage lautet demnach, was den Motor der regionalen, nationalen und globalen Wirtschaft schließlich besser schmiert. Ist ein regelloses Hauen und Stechen, an dessen Ende nur der Stärkste, Brutalste und Skrupelloseste obsiegt?[51]

„Homo homini lupus" – der Mensch ist dem Menschen ein Wolf, sein gefährlichster Feind. Diese Prämisse vertrat der englische Philosoph und Staatstheoretiker Thomas Hobbes (1588-1679). „Selbst die Guten müssen bei der Verdorbenheit der Schlechten ihres Schutzes wegen die kriegerischen Tugenden, die Gewalt und die List, d.h. die Raubsucht der wilden Tiere, zu Hilfe nehmen", schreibt er in seinem staatsphilosophischen Hauptwerk „Leviathan".[52]

Oder gilt das, was Immanuel Kant (1724-1804) auf die Frage „Was soll ich tun?" antwortete: „Handle so, dass die Maxime deines Willens jederzeit zugleich als Prinzip einer allgemeinen Gesetzgebung gelten könnte." Für den deutschen Aufklärungsphilosophen ist dieser Satz die oberste und allgemeinste Handlungsanweisung in der Philosophie, das höchste, zeitlose und allgemeingültige Prinzip der Moral – ein kategorischer Imperativ.[53]

Moralisch und autonom handelt demnach nur derjenige, der sich allein von der Pflicht und dem Sittengesetz leiten lässt. Freiheit bedeutet nicht Schrankenlosigkeit, Maßlosigkeit und Gier,

---

[48] http://www.stuttgarter-zeitung.de/inhalt.wie-viel-ethik-braucht-die-wirtschaft-der-moralische-kapitalist.cf02ed8b-f366-4667-9585-756f1ccdf159.html (abgerufen am 01.08.2017)

[49] http://www.stuttgarter-zeitung.de/inhalt.wie-viel-ethik-braucht-die-wirtschaft-der-moralische-kapitalist.cf02ed8b-f366-4667-9585-756f1ccdf159.html (abgerufen am 01.08.2017)

[50] http://www.stuttgarter-zeitung.de/inhalt.wie-viel-ethik-braucht-die-wirtschaft-der-moralische-kapitalist.cf02ed8b-f366-4667-9585-756f1ccdf159.html (abgerufen am 01.08.2017)

[51] http://www.stuttgarter-zeitung.de/inhalt.wie-viel-ethik-braucht-die-wirtschaft-der-moralische-kapitalist.cf02ed8b-f366-4667-9585-756f1ccdf159.html (abgerufen am 01.08.2017)

[52] http://www.stuttgarter-zeitung.de/inhalt.wie-viel-ethik-braucht-die-wirtschaft-der-moralische-kapitalist.cf02ed8b-f366-4667-9585-756f1ccdf159.html (abgerufen am 01.08.2017)

[53] http://www.stuttgarter-zeitung.de/inhalt.wie-viel-ethik-braucht-die-wirtschaft-der-moralische-kapitalist.cf02ed8b-f366-4667-9585-756f1ccdf159.html (abgerufen am 01.08.2017)

sondern Gehorsam gegen das sich selbst erklärende und über allem stehende Sittengesetz, das jeder in seinem eigenen Gewissen erkennt."[54]

4. Auflösung des Widerspruches

Eine als Anreizethik verstandene Wirtschaftsethik löst den häufig konstruierten Widerspruch zwischen Markt und Moral auf. Moralische Appelle sind hingegen bestenfalls wirkungslos. Eine funktionsfähige Marktwirtschaft braucht moralisches Kapital, kann aber solches über Institutionen auch selbst schaffen. Unternehmen, die langfristig erfolgreich sein wollen, müssen innerhalb des Unternehmens ethische Standards (Unternehmenskultur, Ethik-Kodex) setzen. Richtig eingeführtes Ethik- und Wertemanagement ist demnach das beste Risikomanagement. Darüber hinaus müssen sich Unternehmer und Manager der geschärften Wahrnehmung der Öffentlichkeit bei Themen wie Korruption, Managergehälter und Bilanzfälschungen bewusst sein und wieder eine Vorbildfunktion übernehmen. Notwendig sind eine stärker praxisorientierte wirtschaftsethische Forschung und ein offensiver Umgang mit dem Thema Ethik in Unternehmen. Letztlich kann nur so die Marktwirtschaft gegen Anfeindungen verteidigt werden."[55]

5. Auslagerung von Dienstleistungen

„Regelverletzungen und unmoralisches Verhalten haben sich mittlerweile keineswegs nur in der freien Wirtschaft breitgemacht. Die Leute, die mit hohem Engagement sehr lange arbeiten, die zum Teil 40 Jahre alt werden, bevor sie ihre Qualifikation erreicht haben, bekommen Jahr für Jahr, wenn sie Glück haben Zweijahresverträge und nicht länger. Die öffentliche Hand scheint hier noch viel schlechter zu agieren als die Wirtschaft.

Vater Staat hat sich dabei angepasst an den Mainstream. Ausgliederung von Dienstleistungen, prekäre anstelle von festen Arbeitsverhältnissen werden im privaten wie im öffentlichen Bereich immer mehr die Regel. Gut für Staat und Unternehmen ist danach nur das, was möglichst wenig kostet. Die Menschen fallen dabei oft genug durchs ökonomische Raster. Allerdings darf man Unternehmensethik nicht anhand von Skandalen diskutieren. Skandale sind ja deshalb Skandale, weil sie vom Normalen abweichen. Deshalb ist hier eine differenziertere Betrachtungsweise vonnöten und vor allem die Frage zu beantworten, wie ein Unternehmen den Anforderungen und Erwartungen der Aktionäre gerecht werden kann, den Mitarbeitern, den Kunden und der Gesellschaft als Ganzes.
Eine Unternehmensstruktur wird durch Sollen, also durch Normen bestimmt. Und durch das Wollen, also die individuelle Einstellung der Unternehmer und schließlich dadurch, wie Sollen und Wollen in der Praxis umgesetzt werden.

Das alles hat zu tun mit Unternehmenskulturen. Treppen werden da von oben gewischt. Was von oben nicht vorgelebt wird, kann man unten nicht erwarten.
Das Wort Moralphilosophie gehört freilich nicht zur Managementsprache. Aber wenn wir sagen, wir haben im Unternehmen Angestellte, die stolz sind auf das Unternehmen und wir haben Kunden, die bei dem Unternehmen kaufen, mit dem sie eine Werteassoziation haben und wir

---

[54] http://www.stuttgarter-zeitung.de/inhalt.wie-viel-ethik-braucht-die-wirtschaft-der-moralische-kapitalist.cf02ed8b-f366-4667-9585-756f1ccdf159.html (abgerufen am 24.07.2017)
[55] https://www.iwkoeln.de/studien/iw-analysen/beitrag/dominik-enste-markt-und-moral-205628 (abgerufen am 24.07.2017)

haben im Prinzip eine positive Geschichte zu erzählen. Dann hat das zusammen auch einen Wert. Nur kann man diesen nicht so ohne weiteres in Euros ausdrücken.

Einerseits haben solche Wertediskussionen auch hierzulande in Unternehmen zugenommen. Nachhaltig, ökonomisch und Fair Trades werden gerne als Aushängeschild benutzt. Aber oft genug steckt eine reine Vermarktungsstrategie dahinter und keine ethisch-moralische Unternehmenskultur, die auf Zufriedenheit der Belegschaft zielt. Von vielen Topmanagern wird nämlich hierzulande die soziale Marktwirtschaft ohne Not immer noch aufgegeben zugunsten eines amerikanisierten Money-only-Konzeptes. Das erweist sich jedoch mehr als äußerst kurzsichtig. Menschen sind auf Dauer nicht ausschließlich über Geld zu motivieren.
Dort wo Menschen mit einer Unternehmenskultur zufrieden sind, dort, wo Menschen der Ansicht sind, das, was ich tue im Geschäft, hilft mir auch einen Beitrag an das zu leisten, was ich als Privatmensch für eine Welt oder für meine Kinder oder für meine Enkel machen will, die haben weniger Fluktuation. Denn Fluktuation ist teuer. Diese Unternehmen haben auch weniger sog. Freitagskranke. Und sie haben Menschen, die nicht mit der Stempeluhr im Kopf arbeiten, sondern so lange bleiben, bis eine Arbeit gemacht ist.

Unternehmen stehen zudem heutzutage durch die moderne Kommunikationstechnologie zunehmend auch unter einem höheren öffentlichen Rechtfertigungsdruck. Sie müssen fürchten, dass ihr Handeln Konsequenzen hat, wenn es öffentlich wird. Kinderarbeit und Minilöhne in der Dritten Welt kommen beim Verbraucher nicht gut an. So gesehen kommt den Verbrauchern eine wesentliche Rolle im Zusammenspiel von Ökonomie und Moral zu. Aber moralischer Heroismus eines einzelnen Unternehmens, das einzige weiße Schaf in einer schwarzen Herde zu sein, führt zu nichts.

Von daher ist die Frage immer auch, wie man den guten Absichten auf die Sprünge helfen kann. Wie lässt sich eine Situation schaffen, wo es eine Win-Win-Situation gibt. Was jedoch oft weiterhin fehlt sind viele Unternehmenspersönlichkeiten, die andere Standards setzen wollen. Die gerade deshalb überzeugend sind, weil sie nicht zuerst fragen, ob sich das rechnet, sondern es einfach machen.

Wir brauchen deshalb viel mehr Unternehmen, die sagen, mit der Definition meiner eigenen Würde ist es nicht mehr vereinbar, dass ich Menschen ausbeute, dass ich Menschen schinde, dass ich die Umwelt zerstöre. Das bin ich mir schuldig, dass ich das nicht mache."[56] Bis dieses Ziel erreicht ist scheint es national wie auch weltweit jedoch noch ein weiter Weg zu sein. Aber ich bin davon überzeugt, dass auch viele kleine Schritte zum Erfolg führen werden.

---

[56] http://www.deutschlandfunk.de/vortragsreihe-zur-wirtschaftsethik-markt-und-moral-keine.1148.de.html?dram%3Aarticle_id=287185 (abgerufen am 02.08.2017)

„Wohin mit den Indianern?"
vom wirtschaftsethischer Umgang mit „Minderleistern"

Dr. Stephan Buchhester

Als Kolumbus 1492 zur Eroberung der neuen Welt aufrief gab er Millionen von europäischen Abenteurern die Hoffnung auf ein neues und besseres Leben[57]. Die Erschließung neuer Ressourcen in der „neuen Welt" war der Weg in eine gefühlt bessere Zukunft. Dabei war ihm sicher weniger bewusst, dass dieses Einläuten dieses neuen Zeitalters in den Ohren der Ureinwohner dem Klang der Totenglocken glich.

Diese waren in vielerlei Hinsicht auf die Herausforderungen der neuen Zeit und die Entwicklungsgeschwindigkeit nicht eingestellt, da deren Lebensanforderungen der letzten Jahrzehnte anders waren. Nicht qualitativ oder quantitativ schlechter, nur – völlig anders. Und so stand sehr schnell die Frage: „Wohin mit den Indianern?". Dabei war die Grundidee von Kolumbus durchaus sinnvoll. Er wollte „das Beste" für sein Vaterland, für die Dinge, an die er glaubte und – für sich[58]. Die Ausrottung einer ganzen Hochkultur zugunsten dieses Fortschritts ein teuer bezahlter Kollateralschaden.

Geschichte wiederholt sich – dutzendfach, im Großen wie im Kleinen. Die aktuellen Veränderungsprozesse im in unserer Wirtschaft sind nur eine Variation dieses Themas. Und auch wenn viele dieser Teilprozesse bei weitem nicht so existenziell bedrohlich und die Betroffenengruppen deutlich kleiner sind, erlebt doch der Einzelne diesen Prozess als ähnlich selbstwertbedrohend.

Aber lernfähig wie wir sind, bemühen wir uns nach Kräften, aus den Betroffenen kompetente Beteiligte werden zu lassen. Aber wer sind denn „Die Betroffenen"? Was unterscheidet den dauerhaft Überforderten vom Entwicklungsfähigen? Ist allein der Umstand, den Computerbildschirm als „Desktop" zu bezeichnen oder zu „chillen", statt sich zu erholen, das Kriterium dafür, in der neuen Zeit angekommen zu sein?

Die Quote der psychisch Erkrankten in der Bevölkerung steigt[59], die Arbeitstage pro Zeiteinheit gleicht einer nach oben offenen Richter-Skala. Und alles zugunsten des Fortschritts. Um Logistikwege und Produktionszeiten zu verkürzen, den Warenverfügbarkeit zu erhöhen und die gefühlte unendlichen Auswahlmöglichkeiten der Waren zu sichern. Wachstum als Symbol für Verbesserung und Fortschritt. Doch welche Kollateralschäden werden jetzt billigend in Kauf genommen? Wem ist es anzulasten, wenn eine bis dato ausreichende, ggf. sogar überdurchschnittliche Arbeitsleistung, plötzlich nicht mehr genügt, nur weil sich der Maßstab und/oder die Anforderungen geändert haben? Und was ist mit all jenen, die nun als „Minderleister" (neudeutsch „low-performer)" eingestuft werden? Wohin mit diesen Indianern?

Dabei muss klar gesagt werden, dass die Änderung der Anforderungen keine Willkürentscheidung Einzelner darstellt. Die Illusion, dass die benannten Parameter zwing allen Beteiligten diese Szenarien auf.

[57] Wagner, Julia. Die Entdeckungen und Herrschaftssysteme der Spanier während der Conquista. GRIN Verlag, 2015.
[58] Moosbrugger, Julian. "Christoph Kolumbus. Entdecker Amerikas und Wegbereiter der europäischen Wirtschaftsmacht." (2016).
[59] Jacobi, Frank, et al. "Epidemiologie psychischer Störungen." Psychiatrie, Psychosomatik, Psychotherapie: Band 1: Allgemeine Psychiatrie Band 2: Spezielle Psychiatrie (2016): 1-25.

Ein Beispiel soll den Zusammenhang verdeutlichen.

Psychologen sind sich seit langem einig darüber, dass jeder Mensch bemüht ist, sich maximal kompetent zu erleben[60]. Durch selbst gewählte Tätigkeiten, durch Spaß an den Aufgaben oder an den Ergebnissen. Wenn Art oder Umfang der Arbeit zur Belastung wird, nimmt die Freude erheblich ab. Es entsteht Frustration. Dieser Frustration versucht der Mensch schnell zu begegnen. Die einfachste und schnellste Form das Frusterleben zu kompensieren stellt (aufgrund der hohen und allgegenwärtigen Verfügbarkeit) der Warenkonsum dar. Durch die extrem kurzen Lieferzeiten wird allerdings etwas ganz wesentlichen zur Frustrationsbeseitigung reduziert - die Vorfreude. Weniger Vorfreude mindert aber auch die Gesamtfreude. D.h. die kurze Lieferzeit vermindert den Effekt der Freude und den Grad der Frustrationsreduktion. Also bleibt die erhaltene Freude hinter der erwarteten zurück. Daraus resultiert die Notwendigkeit die bezahlte Tätigkeit zu verstärken um sich erneut zu belohnen. Überzeichnet bedeute das: Volkswirtschaftlich gesehen ist Überlastung am Arbeitsplatz, Burnout und Frustration der Treibstoff für den Wachstumsmotor. Insofern müssen visionäre Ideen wie ein bedingungsloses Grundeinkommen für die Gewinner der Wirtschaftsspirale eine enorme Bedrohung darstellen. Und war nicht aus Gründen der angeblich unzureichenden Finanzierbarkeit. Sondern weil Menschen die mit Art und Umfang der Arbeit zufrieden sind, weniger Frust erleben und somit weniger Belohnung durch Konsum suchen.

Dieser (zugegeben überspitze) Zusammenhang gipfelt somit in einer paradox anmutenden, wenn auch denkbaren Aussage die da lautet: Arbeit muss frustrierend gestaltet werden und zum Minderleister machen, damit durch den Belohnungskonsum der Fortschritt finanziert werden kann[61].

Wer hat denn welches Problem mit wem?

Aus ethischer Perspektive ist Belastungsreduktion und eine Verlangsamung aller Wirtschaftsprozesse der beste Weg um zufrieden und gesündere Mitarbeiter zu haben[62]. Da diese Annahme zum aktuellen Zeitpunkt außerhalb des von Lobbyisten getriebenen Wirtschaftshandelns ist, müssen real umsetzbare Konzepte geschaffen werden. Also - Identifikation und Förderung von Mitarbeiterkompetenzen sowie eine Optimierung der Unternehmensprozesse um frühzeitig auf Leistungsminderungsindikatoren zu reagieren.

Heruntergebrochen auf eine zweidimensionale Perspektive, hat das Problem für beide Seiten ganz reale messbare Effekte. Kurzfristig bezahlt die Organisation dem Mitarbeiter mehr, als es dem Gegenwert (der Arbeitsleistung) entspricht. Langfristig beeinträchtigt der Mitarbeiter durch z.B. negative soziale Gruppeneffekte die übrigen Mitarbeiter und schwächt damit das Betriebsergebnis insgesamt. Auf der anderen Seite erlebt der Mitarbeiter die Änderung der Anforderungen oft als unangemessen und fühlt sich bei ausbleibender Leistungsbestätigung niedergeschlagen. Oft sind gesundheitliche Schäden die Folge - durch z.B. den Versuch der dauerhaften Hyperkompensation des wahrgenommenen eigenen Leistungsdefizits.

---

[60] Furtner, Marco. "Dynamische Mitarbeiterführung." *Dynamische Mitarbeiterführung.* Springer Fachmedien Wiesbaden, 2017. 7-26.
[61] Ulrich, Peter. "Grundeinkommen als zukünftiges Wirtschaftsbürgerrecht? Perspektiven einer postlaboristischen (und postkapitalistischen) Einkommenspolitik." *GWP-Gesellschaft. Wirtschaft. Politik. Sozialwissenschaften für politische Bildung* 66.2 (2017): 235-245.
[62] Bretschneider-Hagemes, Michael. "Phänomen Subjektivierung von Arbeit." *Scientific Management reloaded?.* Springer Fachmedien Wiesbaden, 2017. 27-177.

Somit sollte auch für beide Seiten ein akutes Handlungsinteresse bestehen, den Zustand zu ändern. Dabei beginnt die Spannbreite der Interventionen bereits deutlich VOR der Feststellung der Leistungsabweichung.

Minderleistung ist eine Störung im arbeitsvertraglichen Leistungsverhältnis. Dabei weicht die erbrachte Leistung von der geschuldeten Leistung über einen definierten Zeitraum nachweislich und deutlich ab. Für die Feststellung dieses Defizits ist es im ersten Schritt unerheblich, ob es am „nicht Können" oder am „nicht Wollen" des Mitarbeiters liegt. Vielmehr wird deutlich, dass es eine Bringschuld der Organisation darstellt sowohl die erwarteten Leistungen als auch die erbrachten Leistungen zu bestimmen. Ein zielgerichtetes Leistungsmanagement beginnt bei der Pflicht der Organisation, die Leistungsbestandteile, -kriterien und -einflussgrößen so genau wie möglich zu erfassen[63]. Arbeitsverträge, Stellen- und Tätigkeits- und Anforderungsprofile sind notwendige Voraussetzungen, um die durch den Mitarbeiter erbrachte Leistung bez. der Leitungserwartung in ein Verhältnis zu setzen.

Dabei muss aber berücksichtigt werden, dass Arbeitsverträge im klassischen Sinne Dienstverträge und keine Werkverträge darstellen. D.h., der Vertrag verpflichtet den Mitarbeiter nicht zum Leistungserfolg, sondern für die Diensterbringung. Schon daraus wird deutlich, dass der Umgang mit Minderleistern in einem ersten Schritt von entgeldbezogenen Maßnahmen entkoppelt werden muss.

Aus diesem Grunde sind die betroffenen Führungskräfte und Mitarbeiter selbst gefordert, wenn es um den Umgang mit Leistungsbewertung und Minderleistern geht. Dabei lassen sich drei unterschiedliche Reaktionsbereiche im Umgang mit dem „low performing" identifizieren - die Vorbeugung, den aktiven Umgang und die arbeitsrechtliche Reaktion.

Was kann im Vorfeld getan werden?

Der Umgang mit Minderleistern ist ein prozessuales Problem[64], dass schon bei der Definition der Anforderungs- und Stellenprofile beginnt. Die Grundlage dafür, die Leistungsfähigkeit des Mitarbeiters langfristig zu sichern und messbar zu gestalten, ist die klare Definition dessen, was an Leistung heute und soweit möglich auch zukünftig erwartet wird. Die Entwicklung eines klaren Anforderungsprofils steht dabei am Anfang[65]. In diesem Profil muss nicht nur hinterlegt sein, welche aktuellen Arbeitsvollzüge ausreichen, um die gewünschte Leistung zu erbringen. Die berufliche Leistungsfähigkeit umfasst vielmehr eine relative Passung aller Merkmale über die gesamte Zeitspanne der Organisationszugehörigkeit. In diesem Sinne gehört zur Gestaltung des Anforderungsprofils auch die Berücksichtung eines ganzen Berufsfeldes, einer Organisation, eines Karriereweges. Es besteht also die Notwendigkeit, neben den tätigkeitsspezifischen Anforderungen auch tätigkeitsübergreifende Anforderungen zu berücksichtigen z.B. durch aktives Kompetenzmanagemt. Durch so ein dynamisch gestaltetes Anforderungsprofil kann das Risiko einer überraschenden Leistungsüberforderung durch sich ändernde Aufgaben vermindert werden.

---

[63] Kämmer, Karla. "Kluger Umgang mit Low Performance." *Heilberufe* 69.1 (2017): 54-55.
[64] Riechert, Ina, and Edeltrud Habib. "Einführung in das Thema." Betriebliches Eingliederungsmanagement bei Mitarbeitern mit psychischen Störungen. Springer Berlin Heidelberg, 2017. 1-11.
[65] Einsiedler, Herbert E. Organisation der Personalentwicklung: strategisch ausrichten; zielgenau planen; effektiv steuern. Luchterhand, 2003.

Ein zweiter wesentlicher Stellhebel bei der Frage, welche Mitarbeiter zu Minderleistern werden, betrifft das Auswahlverfahren. Je intensiver und je passgenauer durch ein z.b. multimethodales Auswahlverfahren die Eignung des zukünftigen Mitarbeiters zu den Anforderungen überprüft wird, umso geringer ist das Risiko eines andauernden Leistungsversagens[66],[67]. Dabei müssen durch das Verfahren vor allem nicht nur die aktuellen Kompetenzen ermittelt werden. Vielmehr geht es darum, die Ausprägung der so genannten Schlüsselfaktoren zu ermitteln. Es gilt u.a. die Reflexionsfähigkeit des potenziellen Mitarbeiters, seine Anpassungsbereitschaft und seine Selbstlernfähigkeiten zu erfassen. Dadurch wird ermittelt, wie gut sich der Mitarbeiter auch bei ggf. völlig verändernden Anforderungen auf diesen einzustellen vermag.

Eine dritte und nicht zu vernachlässigende Risikominderung ist ein systematischer und umfassender Einarbeitungs- und Betreuungsprozess des neuen Mitarbeiters. Dabei reicht die Palette von mehrmonatigen Einarbeitungen bis hin zu einjährigen „Patenschaften" durch Mitarbeiter mit längerer Betriebszugehörigkeit. Wesentlich ist dabei vor allem, dass dem „Neuen" damit Chancen und Möglichkeiten aufgezeigt werden, bei wahrgenommenen Schwierigkeiten selbständig Unterstützung einzufordern. Dadurch werden langfristige Leistungseinbußen frühzeitig identifiziert und notwendige Gegenmaßnahmen (z.B. Weiterbildungen) eingeleitet[68].

Was kann im Arbeitsprozess getan werden?

Der systematische und nachhaltige Einsatz von Personalinstrumenten ermöglicht eine kontinuierliche Abstimmung zwischen den Zielen des Mitarbeiters und der Organisation[69]. Dabei sind vor allem Ziel-, bzw. Zwischenbeurteilungsgespräche sowie ein regelmäßiges Leistungsfeedback die wirksamsten Hilfsmittel. Durch die Leistungsbeurteilung oder die Zielvereinbarung wird ein Kommunikationsprozess zwischen den Mitarbeitern und ihren Führungskräften initiiert. Dieser Austausch ist auf der einen Seite eine wichtige Basis, um mögliche Leistungsabweichungen des Mitarbeiters zeitnah festzustellen. Auf der anderen Seite sind diese Gespräche (ob nun auf Team- und/oder Individualebene) ein geeignetes Mittel, die Betroffenen auf evtl. bevorstehende Anforderungsveränderungen vorzubereiten und mögliche Unterstützungsmaßnahmen abzustimmen. Des Weiteren sind fest terminierte Feedbackverfahren sinnvoll, um die bereits aufgetretenen Minderleistungen an unterschiedlichen Perspektiven und Maßstäben zu validieren. Insbesondere das Feedback vom Mitarbeiter zur Führungskraft stellt dabei eine wichtige Möglichkeit dar, den Prozess im Umgang mit Anforderungsänderungen seitens der Führungskraft regelmäßig zu überprüfen. Dadurch kann die Organisation auch der eigenen Bringschuld im Umgang mit sich ändernden Anforderungen bei vor allem im öffentlichen Dienst weitgehend gleichbleibender Mitarbeiterschaft gerecht werden. Weiterbildungsbedarfsanalysen sind häufig Bestandteil solcher Gespräche[70].

---

[66] Palmer, Carolin, and Martin Kersting. "Berufliche Eignung und ihre Diagnostik." *Personalauswahl*. Springer Fachmedien Wiesbaden, 2017. 31-56.
[67] Melchers, Klaus G. "Qualität in der Personalauswahl." *Personalauswahl*. Springer Fachmedien Wiesbaden, 2017. 57-70.
[68] Seibt, Tatjana, Roland Hormel, and Sabrina Kröger. "Personalbeurteilung und Personalentwicklung." *Praxiswissen Personalcontrolling*. Springer Fachmedien Wiesbaden, 2017. 251-304.
[69] Moser, Michaela. "Moderne Beurteilungs-und Entgeltsysteme." *Hierarchielos führen*. Springer Fachmedien Wiesbaden, 2017. 205-219.
[70] Daigeler, Thomas, Franz Hölzl, and Nadja Raslan. *Führungstechniken*. Vol. 202. Haufe-Lexware, 2017.

Was für arbeitsrechtliche Möglichkeiten gibt es, um zu reagieren?

Zu den arbeitsrechtlichen Gestaltungsmaßnahmen im Umgang mit Minderleistern zählen im öffentlichen Dienst vor allem Entgeltsteuerungen, Er- und Abmahnungen bzw. Versetzungen und in der letzten Konsequenz die Kündigung. Die Entgeltsteuerung stellt eine eher unzweckmäßige und schwierige Reaktion auf eine identifizierte Minderleistung dar. Wie bereits ausgeführt, wird der Arbeitgeber nicht für den Leistungserfolg, sondern für die Verrichtung der Leistung an sich entlohnt. In diesem Sinne kann ein ausbleibender Leistungserfolg auch nicht zu einer Entgeltminderung führen. Denkbar wäre ggf. die Einforderung eines Schadenersatzes bei dauerhafter Minderleistung. Voraussetzung dafür ist allerdings, dass durch den Mitarbeiter ein nachweisbarer Schaden entstanden ist, für den er nach den Grundsätzen der Arbeithaftung durch Vorsatz und/oder grobe Fahrlässigkeit zu verantworten hat.

Viel sinnvoller ist es dagegen, die Vergütung arbeitsvertraglich bereits im Vorfeld flexibel zu gestalten. Dazu bieten sich vor allem leistungsabhängige Entgeltbestandteile an, die in Verknüpfung mit den bereits ausgeführten Mitarbeitergesprächen eine Vielzahl von Gestaltungsmöglichkeiten (proaktiv und reaktiv) bieten[71],[72]. Diese Ausgestaltung der leistungsorientierten Bezahlung wurde im Tarifwerk nicht abschließend geregelt. Die tarifvertragliche Konkretisierung muss durch einvernehmliche Dienstvereinbarung oder Betriebsvereinbarung durch den jeweiligen kommunalen Arbeitgeber und den dortigen Arbeitnehmervertretungen erfolgen.

Die heutige Arbeitswelt ist allerdings von kaum klar voneinander abgrenzbaren Tätigkeitsfeldern geprägt. Vor allem Konzepte zur Erhöhung der Verwendungsbreite verstärken diesen Trend. Aus diesem Grunde werden immer häufiger Erfahrungen und Branchenkenntnisse als Leistungsparameter eingeführt. Diese sollen eine Differenzierung der Mitarbeiter anhand der jeweiligen Berufserfahrung in dem Anwendungsgebiet ermöglichen. Das Prinzip ist schlüssig. Jüngere Personen verfügen bei längerer Berufserfahrung im Anwendungsfeld über mehr leistungsrelevante Erfahrung als ein älterer Mitarbeiter, der neu in diesen Bereich einsteigt. In diesem Sinne kann der Umgang mit den Erfahrungsstufen zwei Prozesse vereinen. Auf der einen Seite stellt die Gewährung unterschiedlicher Stufen den Leistungsunterschied zwischen den beiden Mitarbeitern altersunabhängig heraus. Des Weiteren kann die „in-Aussicht-Stellung" höher Erfahrungsstufen für den älteren Mitarbeiter ein sinnvoller Leistungsanreiz sein. Leider erfolgt in der aktuellen Anwendung tatsächlich lediglich eine Substitution der Altersstufen durch die Erfahrungsstufen. Statt die tätigkeitsbezogene Berufserfahrung monitär zu belohnen, erfolgt eine Kompensation der Entgelterwartungen älterer Mitarbeiter. Oftmals aus einer mangelnden Bereitschaft der Führungskräfte, sich mit den älteren Kollegen in die kritische Diskussion zu begeben, wenn diese weniger Erfahrungsstufen als jüngere Mitarbeiter bekommen.

Er- bzw. Abmahnungen als arbeitsrechtliche Reaktion auf andauernde Minderleistung können ein sinnvolles und zielführendes Signal für den Mitarbeiter und die Gesamtorganisation sein. Damit werden sowohl Warn- als auch Sanktionsfunktionen erfüllt. Der Arbeitgeber dokumentiert, dass eine dauerhafte Minderleistung nicht hingenommen wird. Eine deutlich bessere Möglichkeit auf die Minderleistung zu reagieren, bietet die Versetzung. Damit kann der Mitarbeiter bei gleicher Vergütung vorübergehend oder dauerhaft einem Arbeitsplatz zugeordnet werden, der seinen Fähigkeiten besser entspricht. Somit kann sein Leistungspotenzial besser ausgeschöpft und mögliche Folgeschäden für die Gesamtorganisation (Demotivation andere Mitarbeiter, Fehlerrate des Mitarbeiters durch die Minderleistung) vermindert werden.

---

[71] Watzka, Klaus. "Contra: Risiken und Probleme." *Zielvereinbarungen in Unternehmen*. Springer Fachmedien Wiesbaden, 2017. 229-257.
[72] Weber, Jürgen, et al. "Wertorientierte Anreizgestaltung." *Wertorientierte Unternehmenssteuerung*. Springer Fachmedien Wiesbaden, 2017. 157-197.

Was sollte langfristig getan werden.

Neben den bereits angesprochenen Faktoren stellt die konsequente Orientierung der Mitarbeiter an flexiblen Anforderungsprofilen der Organisation dar. Diese lassen sich durch Jobfamilien gut den jeweiligen Schwankungen der Organisation und oder der Mitarbeitenden anpassen.

Wohin mit den Indianern, wenn sich die Welt doch so verändert, wenn die Verändeung der Welt diese zugleich diskriminiert? Das beste Mittel, der Minderleistung zu begegnen, ist die vorausschauende Stellenbesetzung und eine intensive interaktive Kommunikation zwischen allen betroffenen Gruppen. Es gibt sowohl auf der Ebene der Auswahl- als auch der Führungsinstrumente genug Maßnahmen, die deutlich besser sind, als der Einsatz arbeitsrechtlicher Tools. Eine funktionierende Organisation, die sich rechtzeitig mit diesem Thema beschäftigt, wird Mittel und Wege für jeden Einzelnen finden, diesen entsprechend seiner Fähigkeiten einzusetzen.

So sind die Natives Citizen der Mohawk Stämme heute gefragte Arbeiter auf Hochhausbaustellen überall in der Welt. Dabei verdanken sie diesen spezialisierten Einsatz nicht einer besonderen genetischen Prägung. Es ist lediglich eine Frage des Trainings – tatsächlich stehen auf den Spielplätzen in den Mohawk-Dörfern keine Schaukeln und Wippen, sondern geschweißte T-Träger, an denen die Kinder spielen. Das beweist, dass eine frühzeitige ethische Förderung der Kompetenzen der Betroffene den Fortschritt und die Betroffenen selbst zu einer synergetischen Einheit werden lassen.

Значение принципов Программы достойного труда социально-трудовых отношениях в сфере малого бизнеса и частного предпринимательство

GULNORA ABDURAKHMANOVA,
Senior scientific researcher,
Tashkent State University of Economics, candidate of economic science

Summary: Исследования основано на изучение роли и значения малого бизнеса и частного предпринимательства в стабильном развитии экономики Узбекистана, решении важнейшей социальной проблемы страны - производительной занятости населения и повышении их доходов, а также гармонизации социально-трудовых отношений на основе внедрения принципов Программы достойного труда МОТ в данной сфере.

Keywords: малый бизнес и частное предпринимательство, трудовая деятельность, оплата труда, Программы достойного труда, социально-трудовых отношения.

Проведенные нами исследования свидетельствуют, что трансформация отношений к рабочей силе – основному фактору в создании материальных благ и услуг прошло через несколько ступеней (рис.1). Если в технологическом подходе к работнику считался, что его проблемы и потребности ограничиваются экономическими факторами в процессе труда – оплаты его труда, то усложнение техники и совершенствование технологии дали толчок к осознанию того, что на производительность труда более сильное влияние оказывает социальные факторы, чем физические. Это дало толчок к формированию и развитию теорий гуманизации труда. По определению Программы развития ООН, "Развитие человека – это процесс обеспечения людей возможностями более широкого выбора. Безграничность и изменение с течением времени такого выбора имеет принципиальное значение. Использование необходимых ресурсов для долгой и здоровой жизни, овладения знаний и достойного проживания - основная сущность возможностей развития человека. Если человек не имеет такого выбора, он не может использовать и другие возможности»[73]. В целом, концепции "человеческий капитал" и "развитие человека" с научной и методолгической точки зрения обосновывают решающую роль человеческого фактора на производстве.

На 87-сессии Международной конференции труда, проведенной в июне 1999 года, была объявлена Программа достойного труда. В данной Концепции подчеркивается, что «Достойный труд – это возможности мужчин и женщин заниматься достойным и производительным трудом в условиях свободы, равенства, экономической безопасности и уважения человеческого достоинства»[74].

---

[73] «Подлинное богатство народов – люди". Глобальный доклад Программы развития ООН за 1990 г. / http: //www.undp.org.

[74] Достойный труд: доклад Генерального директора МОТ Хуан Сомавияна 87-Международной конференции труда в июне 1999 года. - Женева, 1999. – C.V.

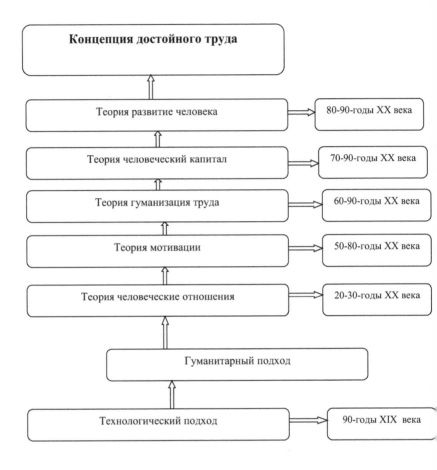

Мы считаем, что Концепция достойного труда означает расширение возможностей человека в сфере социально-трудовых отношений, подразумевает более высокое удовлетворение потребностей личности, а также способствует его развитию, более полному раскрытию человеческого потенциала. Данная Концепция многоплановое понятие и подразумевает одновременное выполнение следующих несколько условий:

• недопущения никакой дискриминации в сфере труда;
• создание благоприятных производственных и социально-трудовых условий;
• оплату за труд, позволяющего повышение качества жизни;
• возможности для развития личности и повышения его трудового потенциала;
• обеспечение определенных социальных гарантий защиты прав работников;
• возможность участия в социальном диалоге.

Не соблюдение хотя бы одного из этих условий означает дефицит достойного труда. Данная Концепция не только служит улучшению условий труда работников, трудовые отношения, удовлетворения их результатами своего труда, но также достижению более высокой производительности труда, повышению конкурентоспособности предприятия, в целом страны, т.е. экономической и социальной эффективности (табл.1).

Экономический эффект	Социальный эффект
Рост производительности труда и ВВП за счет повышения квалификации и мотивации работников и улучшения их здоровья	Повышение уровня жизни работников за счет повышения покупательной способности заработной платы
Сокращение расходов на социальное обеспечение работников, пострадавших от профессиональных заболеваний и несчастных случаев на производстве	Сокращение общей бедности населения за счет возможностей трудоустройства
Сокращение расходов на социальную защиту и обеспечения безработных за счет сокращения их количества	Повышение социальной стабильности за счет повышения удовлетворительностью работой, уверенности в завтрашнем дне
Рост доходов бюджета за счет роста количества рентабельных предприятий	Достижение баланса семья – работа
Рост конкурентоспособности экономики благодаря полному и рациональному использованию трудового потенциала, стимулирования творческой активности работников	Ликвидация принудительного труда
Рост инвестиций в национальную экономику	Воспитание социальной ответственности и активности гражданина благодаря развитию их собственного достоинства

Таблица 1: Экономический и социальный эффект от реализации Концепции достойного труда[75]

Основной принцип достойного труда – обеспечение производительной занятости трудоспособного населения. Это не только основа стабильного развитяи общества и государства, но и по своей сущности имеет рещающее значение в жизни каждого человека, так как трудовая деятельность занимает весомую часть жизни личности, обеспечивает его интеграцию в общество и получения им социального статуса.

Производительная трудовая деятельность требует справедливой оплаты труда. А справедливая оплата труда означает такой уровень вознаграждения, который обеспечивает экономическую свободу личности и его семьи. Проведенные нами исследования позволили определить, что существенная часть вновь созданной стоимости (национального дохода) принадлежит работнику. Данный показатель составляет 75,0%-80,0% вновь созданной стоимости в национальном доходе. Такое соотношение (75,0% - зарплата, 25,0% - прибыль) позволяет работнику результатами

[75] Баймурзина Г.Р., Валиханов Р.М., Колосова Р.П. Реализация принципов Концепции Достойного труда в России: региональный аспект (на примере Республики Башкортостана). – Уфа: АН РБ, Нилем, 2012. – С.32.

своего труда защищать себя. При этом работник не только сам обеспечивает себя средствами, но из-за того что потребляет товары и услуги экономики выступает в роли инвестора отраслей экономики[76].

Справедливая оплата труда работника зависит от имеющихся производительных рабочих мест. Однако, по данным статистики, в настоящее время большая часть создаваемых рабочих мест приходиться на неформальный сектор экономики. Это приводит к тому, что более 50,0% всех занятых работников лишены от гарантированных законом социальной защиты[77]. По данным МОТ, ежегодно в мире 2,3 млн.человек погибает на производстве или в результате трудовой деятельности, ежедневно регистрируется 860 тысяч несчастных случаев на производстве, приводящих к травмам. В результате этого теряется 6,0% валового внутреннего продукта мировой экономики или 2,8 трлн.долл.США[78]. Такое положение настоятельно требует совершенствования трипартизма – социального партнерства между работниками и работодателями (их представителями) и государством в целях гармонизации социально-трудовых отношений через претворения в жизнь принципов концепции достойного труда.

Исходя из этих принципов мы предлагаем свою авторскую трактовку понятия "достойный труд": в узком смысле *«достойный труд представляет собой труд, удовлетворяющий индивида по уровню дохода, безопасности, социальной защищенности, возможностям профессионального роста, а также содержательным, морально-нравственным характеристикам».* В широком смысле: *«Достойный труд - сложная система социально-экономических, институциональных, организационных параметров, характеризующих участие работников в общественном производстве и соответствующих требованиям современного этапа эволюции системы отношений «человек-производство».*

Узбекистан как полноправный член МОТ принял свою Программу по достойному труду на 2014-2016 годы. В данной Программе отмечено, что цель социальных партнеров: Правительство, Совет Федерации профсоюзов и Торгово-промышленная палата Узбекистана в сотрудничестве с Международной организацией - обеспечение достойной занятости всех трудоспособных женщин и мужчин. При этом приоритетными задачами Программы по достойному труду на 2014-2016 годы определены:

• укрепление социального партнерства в Узбекистане в целях реализации основополагающих принципов и прав в сфере труда;
• расширение возможностей достойной занятости;
• улучшение условий труда и социальной защиты.

Разработаны и индикаторы Программы по достойному труду на 2014-2016 годы.
Так, в целях содействия полной, производительной и свободно избранной занятости граждан, в том числе молодежи, будет реализованы комплекс национальных мер и программ. Эти меры включают создание необходимого количества рабочих мест, особенно в сельской местности, для обеспечения занятости, в первую очередь женщин, молодежи, других слоев населения, неконкурентоспособных на рынке труда, активизации предпринимательства. В этом МОТ будет оказывать техническую помощь

---

[76] Худякова С. С. К вопросу о праве работников на справедливую заработную плату // Пермский конгресс ученых-юристов: тез.докл. междунар. науч.- практ. конф. – Пермь, 2010. - C.496.
[77] ILO.org/public/Russian/region/europa/moscov/news/2010/global/wode report.ru.pdf.
[78] Доклад МОТ «Достойный труд – безопасный труд» // http: // www.ilo.org/public/english/protection/safe-work/wdcongrs17/index.htm.

Узбекистану. Намечено, оказания содействия в проведении оценки основных препятствий и барьеров в сфере развития бизнеса, используя обучающий инструментарий МОТ «Формирование благоприятной среды для устойчивых предприятий» (EESE), а также будут предложены возможные решения и помощь социальным партнерам в разработке набора услуг, направленных на поддержку малого бизнеса.

Мы считаем, что особенно важно реализация принципов данной Программы в субъектах малого бизнеса, имеющих большие возможности в создании производительных рабочих мест. Это особенно актуально в свете того, что в данном секторе экономике широко распространены неформальная занятость, профсоюзы не так активны в защите законных интересов работников как в крупных предприятиях, условия и безопасность труда не всегда отвечают требованиям.

Проведенные анализы показвали, несмотря на то, что малый бизнес занимает ведущее положение в мировой экономики до сих не разработаны его цельная теория. В научной литературе при определении сущности малого бизнеса внимание в основном уделяются его количественным критериям: числу занятых работников, уставному капиталу и активам, получаемому прибыли. На наш взгляд, более важно его качественные характеристики: малый бизнес как основа рыночной экономики, важнейший субъект, формирующий конкурентную среду, его способность установления однообразных цен на однообразные товары и услуги и другие (рис.2).

Поэтому не удивительно, что известные представители экономической теории А.Маршалл и П.Самуэльсон обосновывали неконкурентоспособность малого бизнеса по сравнению с крупными корпорациями. Даже во второй половине XX века, когда данный сектор занял ведущие позиции в национальных экономиках развитых стран ученый-экономист Дж.Гэлбрейт пропагандировал отказаться от рынка в пользу крупных промышленных корпораций и вести плановое хозяйство[79]. Это объяснялось тем, что в плановой экономике крупные предприятия за счет своего потенциала могли добиваться своей цели.

---

[79] См: Гэлбрейт Дж. Новое индустриальное общество / Пер. с англ. - М.: ООО «Издательство АСТ»: ООО «Транзиткнига»; СПб.: Terra Fantastica, 2004. — 602 c.

Рис.2. Критерии малого бизнеса [80]

В экономической системе, где отсутствуют субъекты малого бизнеса процесс формирования и развития правовых механизмов регулирования рынка (свобода заключения договоров, защита частной собственности, эффективное вмешательство государства в случаях ограничения законных интересов собственников) замедляется или вообще останавливается.

Исследования свидетельствуют о том, что конкурентная экономика предполагает наличие двух обязательных условий: собственников, заинтересованных в получении прибыли и конкурентную структуру отраслей, которая формируется только при наличии значительного количества хозяйствующих субъектов. Исходя из этого можно заключить, что рыночную экономику нельзя представить без субъектов малого бизнеса из-за того что они способны устанавливать одинаковую цену на одинаковые товары и услуги, формируют конкурентную среду, способствуют эффективному функционированию рыночных механизмов.

---

[80]Разработан автором.

Bibliography

1. *Каримов И.А. Бизнинг мақсадимиз аниқ ва равшан – ҳеч кимдан кам бўлмаган фаровон ва бахтли ҳаёт барпо этиш / Тадбиркорлар ва ишбилармонлар ҳаракати – Ўзбекистон либерал-демократик партиясининг VII съездидаги маъруза // "XXI аср" газетаси, 2015 йил 7 февраль.*

2. *«Подлинное богатство народов – люди". Глобалный доклад Программы развития ООН за 1990 г. // http: // www.undp.org.*

3. *Достойный труд: доклад Генерального директора МОТ Хуан Сомавия на 87-Международной конференции труда в июне 1999 года. - Женева, 1999. – C.V.*

4. *Баймурзина Г.Р., Валиханов Р.М., Колосова Р.П. Реализация принципов Концепции Достойного труда в России: региональный аспект (на примере Республики Башкортстана). – Уфа: АН РБ, Нилем, 2012. – C.32.*

5. *Худякова С. С. К вопросу о праве работников на справедливую заработную плату // Пермский конгресс ученых-юристов: тез. докл. междунар. науч.- practт. конф. – Пермь, 2010. - C.496.*

6. *ILO.org/public/Russian/region/europa/moscov/news/2010/global/wode report.ru.pdf.*

7. *Халқаро меҳнат ташкилотининг "Муносиб меҳнат – хавфсиз меҳнат» маърузаси // http: // www.ilo.org/public/english/protection/safework/wdcongrs17/index.htm.*

8. *Декларация МОТ 2008 года «О социальной справедливости в целях справедливой глобализации» // Международная конференция труда. – Женева, 10 ноября 2008 г. – C.1-2.*

9. *Программа по Достойному труду Республики Узбекистан на 2014-2016 годы // http://www.ilo.ru.*

Autorität in der modernen Arbeitswelt.
Ein Ansatz zur modernen Führungskultur in Organisationen

Rüdiger Grimm

1. Einige Gedanken vorweg

Nichts ist so beständig wie der Wandel – so ein griechisches Sprichwort. Dies bestätigt sich selbst im Alltag unserer Zeit in Gesellschaft, Wirtschaft und Arbeitswelt. Deutschland nimmt diesbezüglich keine Sonderstellung ein. So sehen sich besonders Unternehmer gleich mit einem zweifachen „Demografie-Problem" konfrontiert: Die Kohorten der jüngeren Generationen verkleinert sich mehr und mehr. Gleichzeitig wandeln sich die Vorstellungen über Arbeitswelten und Arbeitsinhalte. So wächst das Bestreben vieler Arbeitnehmer nach einer Beschäftigung mit vornehmlich akademischen Inhalten und in zunehmendem Maße ebenso die freie Gestaltung des Arbeitsplatzes. Unter dem Aspekt eines anschwellenden „Fachkräftemangels" kann unterstellt werden, dass sich die Sachverhalte auch auf den Führungsstil in den Unternehmen auswirken würde.

Von Max Weber (1864 – 1920) über Paul Hersey (1921 – 2012) bis hin zu Oliver Jean Blanchard (1947) steht die Frage im Raum, ob die Änderungen in den Arbeitswelten – Manuelle Fertigung – Maschinelle Fertigung – Automatische Fertigung – auch die Führungsstile und Führungsmethoden verändert und wenn ja, in welcher Weise dies geschieht und welche Wirkungen diese entfalten?

Dieser Betrag setzt sich mit der Fragestellung auseinander, in wie weit sich Autorität und damit verbunden der autoritäre Führungsstil in den Unternehmen erhalten konnte bzw. ob und wodurch er eine „Renaissance" erlebt.

2. Auf den Spuren der Autorität

Stets ruft der Begriff „Autorität" Assoziationen hervor. Welchen Inhalt dieser Terminus aber tatsächlich besitzt, wird von verschiedenen Autoren differenziert gesehen. In einem sind sich alle einig: „Autorität" kann nicht als „Dinglichkeit" erfasst werden. Vielmehr handelt es sich um einen abstrakten Begriff, welcher erhebliche „Interpretationsspielräume" zulässt. Semantisch leitet sich das Wort „Autorität" vom lateinischen „auctoria" ab, welches wiederum auf den Begriff „auctor" (Urheber, Verfasser) zurückzuführen ist. In diesem Kontext sind Sinnbedeutungen „erzeugen, hervorbringen" sicher richtige Entsprechungen. (vgl. Sennet, 2012, S. 23ff)

In der heutigen Moderne – sicher ein Ergebnis jahrzehntelanger „antiautoritärer" Erziehung von inzwischen zwei Generationen (Gemeint sind hier die Generationen „Y" und „Z") wird „Autorität" zumeist als „Bedrohung", als „Schreckgespenst" verstanden, welche den Gedanken einer Bedrohung bei gleichzeitiger Stärkung der Abhängigkeit von anderen impliziert. Es wundert nicht, dass dies vor allem auf jüngere abschreckend wirken muss.

Dem gegenüber steht der Wunsch eines jeden Menschen nach „Stabilität", „Dauerhaftigkeit", „Konstanz" oder auch „Nachhaltigkeit." All diese Begrifflichkeiten aber stehen in einem unmittelbaren Zusammenhang mit dem Begriff „Autorität" bzw. können nicht losgelöst von diesem verstanden werden. Und dies gilt für alle gesellschaftlichen Dimensionen gleichermaßen – also in den öffentlichen Verwaltungen ebenso wie in den privaten Unternehmen, in der Familie ebenso wie in der Gesellschaft. (vgl. Sennett, 2012, S. 19f)

3. Autorität und Legitimität

Max Weber setzt „Autorität" gleich mit dem Begriff „Legitimität" und vertritt die Auffassung, dass „Macht" auf verschiedene Weise verstanden werden kann. So sei es möglich, dass von alle Betroffenen der Begriff bzw. der Zustand „Autorität" als legitim aufgefasst und damit anerkannt wird. Ebenso ist in gleichem Kontext denkbar, dass Autoritäten als illegitim gesehen und damit abgelehnt werden. Ein Beispiel ist derzeit die Person Kim Jong Un. In Nordkorea – so zumindest die öffentliche Darstellung – ein wertgeschätzter Mann, der dem Lande Respekt und Ansehen verleiht, wird in der Welt völlig anders war genommen: als Diktator, dessen Macht auf brutaler Umsetzung seiner Autorität beruht.
Hierzu ist Weber der Auffassung, dass in jeder Gesellschaft ein Autoritätsbewusstsein vorhanden ist, welches die Menschen dazu bringt, freiwillig zu gehorchen.

Nach Weber werden drei Typen legitimer Autorität (Herrschaft) differenziert, welche zugleich als Macht wahrgenommen werden. Legale bzw. rationale Autorität beruhe demnach „(...) auf dem Glauben an die Legitimität gesetzter Ordnung und das Ausweisungsrecht der durch sie zur Ausübung zur Herrschaft berufenen (...)" (Weber, 1976, S. 124). Personen, welche die Herrschaft innehaben, werden aufgrund gesetzlich geregelter Verfahren ernannt oder gewählt. Ausschlaggebend sind die Verhaltensweisen, die für alle Mitglieder des Herrschaftsverbandes gelten. Diese „legale" bzw. „rationale Autorität" ist mit der Herrschaft der „Bürokratie" nahezu identisch. (vgl. Weber, 1976, S. 128ff)

Ein anderer, nicht weniger bedeutsamer Ansatz ist die Vermutung, dass Autorität auf Charisma aufbaut, welche „außeralltäglichen Hingabe an die Heiligkeit" ebenso beinhaltet oder „Heldenkraft". Ebenso gebräuchlich sind „Vorbildlichkeit" einer Person und der durch jene geschaffene und offenbarte Ordnung (vgl. Weber, 1980, S. 124). Somit erhalten die Herrschenden nicht aufgrund fachliche, sondern charismatischen Qualifikation ihre Legitimation (vgl. Soziologie heute, 2008).

Max Weber nähert sich dem Phänomen der Autorität, indem er unterstellt, dass Menschen Kategorien benötigen, um zusammenhängend denken und wahrnehmen zu können. 1939 knüpft Gaetano Mosca (1858 – 1941) an Webers Legitimitätsgedanken an, indem er beschreibt, dass es bei der Autorität weder auf intellektuelle noch auf materielle Überlegenheit ankommt. Vielmehr sei es ein Bedürfnis des Menschen, auf Grundlage eines moralischen Prinzips zu regieren bzw. regiert zu werden (vgl. Mosca, 1950, S. 69).

Dagegen stellt Siegmund Freud (1856 – 1939) den Wahrnehmungsvorgang selbst in den Vordergrund und untersucht, wie Stärke bei anderen Menschen wahrgenommen wird, ungeachtet dessen, was konkret wahrgenommen wird. Vielmehr geht er geht davon aus, dass das, was Menschen in ihrer Kindheit erlebten und konditionierten, auch als Erwachsene weiter bewahren. Demzufolge kann Macht, Legitimität und Recht nicht in der Form reflektiert und empfunden werden, wie diese in Wirklichkeit sind, sondern wie sie einmal im Kindheitsalter erlebt wurden. So ist Freud davon überzeugt, dass die meisten Menschen nie zu einer „reifen" bzw. „sachlichen" Deutung von Stärke kommen würden (vgl. Sennett, 2012, S. 29ff.).

Jedoch berücksichtigen weder Webers als auch Freuds Ansätze die Wechselwirkungen zwischen Starken und Schwachen nicht ausdrücklich. Somit bleibt es ungeklärt, warum sich

Individuen in modernen Gesellschaften zu starken Persönlichkeiten hingezogen fühlen, obwohl sie diese nicht für legitim halten.

Nach Weber ist eine solche Situation kaum möglich, weil es unlogisch wäre, nach der Anerkennung von vermeintlich Starken zu lechzen, die nicht für legitim gehalten werden. Freud könnte diesen Vorgang zwar mit kindlichen Erfahrungen argumentieren, jedoch müsste davon ausgegangen werden, dass die Überlegenen in der Erwachsenenwelt etwas Gutes vorhaben. Falls Menschen bemerken, dass der Stärkere nichts Gutes im Schilde führt, ist es durchaus rational, sich gegen ihn aufzulehnen. Schlimmer noch – eine eigentlich ablehnende Haltung kann genau das Gegenteil hervorrufen: Bindung (vgl. Sennett, 2012, S. 33ff.).

Bisher wurden legitime Herrschaftsformen, Formen der Ablehnungsbindung als auch der Zusammenhang zwischen Autorität und Autonomie argumentiert. Einige Beispiele aus der Vergangenheit und Gegenwart haben gezeigt, warum dominierende Autoritätsgestalten im modernen Denken destruktiv behaftet sind.

Offen bleibt, wie der aufgeklärte, liberal und ggf. antiautoritär erzogene moderne Mensch zu einem neuen Bild von der Autoritätsgestalt gelangen kann. Um dies klären zu können, müssen drei Sachverhalte – oder besser Zustände – dargelegt werden: Ablösung, Opferempfinden, Angst vor der Autorität.

Damit ein Individuum ein aktuelles Bild von der Autorität erhalten kann ist es zunächst erforderlich, sich von der Autorität loszulösen. Hierbei geht es nicht um eine Ablösung körperlicher Natur oder der Umsturz der Machtverhältnisse. Vielmehr geht es darum, dass das innere Selbst in der Lage ist, das eigene Verhalten und das der Autorität sachlich zu prüfen und zu beurteilen. Um diese Reaktionen reflektieren zu können, benötigen die Abhängigen eine Maske, um sich zeitgleich gegen den Einfluss der Autoritätsgestalt schützen zu können. Das äußere Selbst handelt und verhält sich, wie schon in der Vergangenheit, gegenüber der Autorität identisch. Zugleich hinterfragt das innere Selbst das Tun des eigenen äußeren Doppelgängers. Somit kommt es zu einer permanenten Negation des eigenen „ich", aber auch zu einer andauernden Gleichgültigkeit. Diese Maske kann jedoch nur unterstützend zur Ablösung beitragen, wenn das innere und das äußere Selbst nicht miteinander verschmelzen, sondern die Trennung für die Person schmerzlich spürbar bleibt, damit die genannte Reflexion stattfinden kann (vgl. Sennett, 2012, S. 4ff.).

Eine zweite Möglichkeit, sich von der Autoritätsperson abzulösen, besteht in der Reinigung. Selbstverständlich geht es dabei nicht um körperliche Reinigung und auch nicht darum, den empfundenen Schmerz zu lindern. Im Gegenteil. Es kommt vor allem darauf an, sich selbst emotionalen Schmerz zuzufügen, um sich anschließend von der Autorität ablösen zu können. Auch hier hat die unterlegene Person nicht vor, sich die Autoritätsperson „wegzuwünschen", sie zu demütigen oder gar zu vernichten. Ansprüche, die die Autorität stellt oder gestellt hat, werden im inneren eines Betroffenen geschmälert. Denkbar ist sogar, sich noch einmal etwas Schönes ins Gedächtnis zurück zu rufen, um es noch einmal zu empfinden und anschließend zu zerstören (vgl. Sennett, 2012, S. 10ff.).

Beide Wege, das Tragen einer Maske und der Akt Reinigung, sind Instrumente der Selbstschulung. Nur wenn anerkannt wird, die Autorität ernst zu nehmen ist der erste Schritt zu einem neuen Bild der Autoritätsgestalt getan (vgl. Sennett,2012, I85).

4. Autorität und Führung

Führung wird als Sammelbegriff für alle Interaktionsprozesse, in denen eine absichtliche soziale oder emotionale Einflussnahme von Personen auf andere Personen zur Erfüllung gemeinsamer Aufgaben im Kontext einer strukturierten Arbeitssituation zu Grunde liegt, verstanden. (Wunderer/ Grundwald, 1980, S. 62).

Dabei können die Interaktionsprozesse in drei Bereiche eingeteilt werden, um differenzierte Reichweiten zu realisieren. Unternehmensführung umfasst die Interaktionsprozesse (Handlungen und Entscheidungen) im Hinblick auf die Beschaffung, Kontrolle, Nutzung, Verteilung und Entwicklung der Ressourcen um die wesentlichen Unternehmensziele erreichen zu können.

Personalmanagement beinhaltet somit alle Interaktionsprozesse (Handlungen und Gespräche) im Sinne der Unternehmensführung. Dabei geht es um die Steuerung der humanen Ressourcen, die auf die einzelnen Organisationsmitglieder abzielen. Beispielhaft können Maßnahmen zur Personalgewinnung oder aber auch zur Personalentwicklung genannt werden. Personalführung beschäftigt sich mit wechselseitigen und unmittelbaren, aber eher tendenziell nicht-symmetrischen Interaktionsprozessen im Namen der Unternehmensführung. Diese finden der zwischen einem oder mehreren Führern und einem oder mehreren Geführten statt. Interaktionsprozesse können von jedem Mitglied und jeder Gruppe der Organisation ausgehen; auch im Zuge einer lateralen Führung oder Führung von unten (vgl. Rosenstiel von/ Wegge, 2004, S. 493 ff.).

5. Autorität als Führungsinstrument

Wie beschrieben, änderten sich die Arbeitsmotive der Gesellschaft von einer „geführten Masse" zu einer „Spaßgesellschaft", die den Lebensgenuss über die Leistung der Arbeit stellt, für die sie honoriert wird. Hier nun soll eine subsumierte Übersicht darüber geben werden, wie und unter welchen Einflüssen Führungsstile entstanden sind, welche Motive der Gesellschaft der Legitimation bestimmter Führungsansätze zugrunde gelegt werden und inwiefern Führung und die damit verbundene Autorität sowohl in der Gegenwart, als auch in der nahen Zukunft Bestand haben werden.

Ausgehend von der historischen Entwicklung der Personalführung und den damit verbundenen theoretischen Ansätzen in Bezug auf Führung wird sichtbar, dass Autorität im Kontext mit Führung ein unverzichtbarer Bestandteil unternehmerischer und gesellschaftlicher Strukturen ist und bleiben wird.

Gesellschaft und der Führungsbegriff ab 1900

Rückbesinnend auf Webers theoretische Ansätze von Führung zu Beginn des 20. Jahrhunderts kann eine zentrale These formuliert werden: „Führung ist stets damit verbunden, dass ein Herrscher Vorgaben setzt, welche die Untergebenen zu bewältigen haben."

In seinen herrschaftstheoretischen Ansätzen geht Weber davon aus, dass es in einem System grundsätzlich einen Entscheider gibt. Fehlt dieser, stürzt das System und wird zur Anarchie. Anfang des 20. Jahrhunderts waren vor allem Herrschaftssysteme präsent, welche von Monarchen bzw. Alleinherrschern dominiert wurden. Diese (meist waren dies Männer) waren bisweilen intellektuell und materiell den Beherrschten, überlegen. Ein moralisches Hinterfragen solcher Instanz war im System nicht vorgesehen.

Mit im ausgehenden Mittelalter und der immer turbulenter werdenden Industrialisierung wurden arbeitsstrukturelle Systemen und Hierarchien erforderlich, welche sich von den klassischen Gesellschaftsstrukturen deutlich unterschieden. Hinzu kam, dass durch ein Fehlen sozialer Sicherungssysteme der Verlust des Arbeitsplatzes (Zum Beispiel dadurch bedingt, dass den Weisungen der Herrschenden nicht Folge geleistet wurde.) zu tiefen finanziellen und gesundheitlichen Einschnitten in die Lebenswelten der Betroffenen führte.

Anknüpfend an die Forschungen von Weber untersuchte der Kurt Lewin (1890 – 1947) die Wirkung verschiedener Führungseinflüsse auf Einzelpersonen und Gruppen. Dabei rückte erstmalig in der Geschichte der Führungsforschung das geführte Individuum mit in den Fokus von Betrachtungen.

Nach dem Ersten Weltkrieg etablierte sich in Deutschland immer deutlicher Gesellschaftliche Unzufriedenheit. Wesentlicher Grund dafür war das Fehlen von Arbeitsplätzen und die verständliche Sehnsucht der Menschen nach finanzieller Absicherung und geregelten Tagesabläufen. Die aufstrebende nationalsozialistische Partei erkannte ihren Vorteil und gab den Menschen eine Führerfigur, die Mut machte und Arbeit und Wohlstand versprach. Alle praktizierten Führungsstile lassen sich den autoritären Führungsstilen zuordnen. Planung, Entscheidung und Kontrolle der Arbeit oblagen den Herrschenden, die vertikale Einflussnahme von der Hierarchiespitze nach unten führte zu einem deutlich sichtbaren Machtgefälle.

Nach dem Zweiten Weltkrieg wurde der Begriff „Führung" neu definiert. „Führung [ist] der Prozess der Beeinflussung der Aktivitäten einer organisierten Gruppe in Richtung auf Zielsetzung und Zielerreichung" (Stogdill 1950 in Blessin/ Wick, 2014, S. 27).

Stogdills Definition zielt darauf ab, dass die Führungskraft die Geführten dahingehend beeinflussen kann (und soll), dass jegliche Handlungen im Erreichen der gemeinsamen (vom Unternehmen gesetzten) Zielsetzung führen. Dieses Prinzip besitzt einen solidarischen Charakter, der in den fünfziger Jahren durchaus Berechtigung besaß. Im Rahmen der Aufbauarbeit nach dem Krieg musste eine solidarische Zusammenarbeit aller entstehen. Als selbstverständlich und legitim wurde es unter diesen Bedingungen empfunden, eine Führungskraft einzusetzen, welche Aufgaben und Ziele vorgibt und die Notwendigkeit der Arbeitsleistung vor Augen führt.

In dieser Zeit aber zeichneten sich schon laterale Führungsansätze ab. Autorität durch Machtinhaber wurde nicht mehr als vertikale Variable angesehen, sondern vielmehr als Bedingungen einer interpersonellen Verhaltensbeeinflussung. Ein Ziel vorgeben, überzeugen und steuern deutet auf einen Interaktionsprozess hin, welcher sowohl autoritäre als auch kooperative Einflüsse beinhaltet. Die Autorität der Mächtigen bleibt weiterhin bestehen, allerdings beginnt sie in ihrer Gewichtung herabzufallen.

In den 1960er Jahren änderte sich das Bild der Führung durch Autoritäten erneut. „In seinem Wesen scheint Führung die Kunst zu sein, andere dazu zu bringen etwas zu wollen, wovon du überzeugt. bist, dass es getan werden sollte. (Packard, 1962 in Blessin / Wick, 2014, S. 27). Deutlich sichtbar ist hier die Weiterentwicklung des Führungsbegriffes. Befehl und Gehorsam scheinen der Überzeugungskraft der Führenden weichen zu müssen. Vielmehr scheint Kreativität gefragt, um Menschen vom Ziel eines Vorhabens zu überzeugen.

Lateral anzusehen ist die Führung noch immer. Zudem zeichnen sich Züge des charismatischen Führungsstils ab, denn die Führungskraft muss die Fähigkeit besitzen, durch Ausstrahlung Zuversicht zu zeigen und Ziele umzusetzen.

Der Einfluss der subjektiven Führungsindikatoren, die durch die Ansätze des charismatischen Führungsstils geprägt sind, ersetzt aber keineswegs die Autorität als eigenständiges, einflussnehmendes Charakteristikum der Führung. Zwar fließen die Bedingungen von Kreativität und Ausstrahlung in die Führung, aber die Mitarbeiter sind auf das Wohlwollen des Vorgesetzten angewiesen und müssen „Opfer bringen", wenn es verlangt wird.

Eine Solche Wandlung des Führungsformen ist durch die gute wirtschaftliche Lage in dieser Zeit in Deutschland begründbar. Hoher Beschäftigungsstand, soziale Absicherung und zunehmender wirtschaftlicher Wohlstand sind Gründe hierfür. Hinzu kamen gestiegene Einkommen und zunehmende Mobilität. Das so genannte „Wirtschaftswunder" brachte einen ökonomischen Aufschwung und die Autorität der Führung wurde, auch im Hinblick auf die deutsche Vergangenheit, gelockert.

Bis zum Ende der siebziger Jahre blieb dieser Zustand der „gelockerten Führungsverhältnisse" in größten Teilen bestehen. Allerdings ändert sich der Fokus der Personalführung. Nun wird in „organisationalen Kontexten" gedacht.

Zunehmend partizipieren „extraorganisationale Umwelteinflüsse" die Leitthesen zur Personalführung, was Führungsmodelle zu einem Kompositum aus Mensch, Organisation und Umwelt werden ließ. So ist beispielsweise zu lesen: *„Nach unserer Auffassung ist das Wesen organisationaler Führung der Einflussüberschuss über die mechanische Befolgung der Routinedirektiven der Organisation hinaus."* (vgl. Kahn, 1978 in Blessin / Wick, 2014, S. 27) oder *„Führung von Menschen wird ausgeübt. wenn Personen mit bestimmten Motiven und Zielen im Wettbewerb oder im Konflikt mit anderen die institutionellen, politischen, psychologischen und anderen Ressourcen so mobilisieren, sodass sie die Motive der Geführten wecken, verpflichten und befriedigen."* (Burns, 1978 in Blessin/ Wick, 2014, S. 27).

Hier zeigt sich deutlich, dass verschiedene Dimensionen der Einflussnahme durch die Führungskraft angesprochen werden. Während bisher vordergründig prozessual Einfluss durch die Führungskraft genommen wurde, also Führung als Intervention und individuelle Variable; ist die Betrachtungsweise jetzt „multiperspektivisch" geworden. Somit gewinnt die Führungskraft einen strukturellen Charakter, der allokativ auf die Organisation und deren Umwelteinflüsse gerichtet ist. Es entsteht eine Verquickung von Umwelteinflüssen, Mitarbeitern und Organisationszielen, in der die Führungskraft handelt.

All diese Parameter, die Einfluss auf die Führung nehmen, bedienen sich noch immer des charismatischen Führungsstils.

6. Vom Versuch, Mitarbeiter zu motivieren

Im neuen Jahrtausend wandelt sich der Führungsbegriff erheblich. Nun wird nicht mehr explizit von Führung gesprochen, sondern von „Einflusses der Führungskraft auf die Mitarbeiter". Ebenso wird nicht mehr von Personal oder Mitarbeiter gesprochen, sondern von Gruppen- oder Teammitgliedern. Führung ist als nicht mehr als klassische Führung anzusehen. *„Darunter ist der Versuch zu verstehen, Einfluss zu nehmen, um Gruppenmitglieder zu einer Leistung und damit zum Erreichen von Gruppen- oder Organisationszielen zu motivieren. Einfluss kann definiert werden als Veränderung in den Einstellungen, Verhalten, Überzeugungen und*

Verhaltensweisen von Zielpersonen als Ergebnis von Einflussbemühungen der Führungsperson." (vgl. Weinert, 2004 in Blessin / Wick, 2014, s.27).

Ziele und Motive der geführten Personen rücken in den Vordergrund. Zudem ist es, laut Weinert, wichtig, das Personal zu motivieren die Organisationsziele zu verfolgen, statt dem Personal Arbeitsaufträge zu geben. Als Motive werden *„(...) die Beweggründe als eine Antwort auf das „Warum" des Verhaltens [verstanden]. Wie auch immer Motivation definiert werden mag, ihr Studium betrifft die Begründung menschlichen Verhaltens, meint immer dasjenige in und um uns, was uns dazu bringt, treibt, bewegt uns so und nicht anders zu verhalten."* (Sprenger,2010, S. 23).

Den Ausführungen Sprengers ist zu entnehmen, dass die Motivation zu arbeiten die intrinsischen Bedürfnisse eines Menschen anspricht. Einer Fühlungskraft muss es demnach gelingen, das Team so anzusprechen, dass dieses die vorgegebenen Organisationsziele (freiwillig und engagiert) erfüllt. Hierzu muss der Einfluss der Führungskraft so gestaltet werden, dass der Bezug zu eigenen Motiven und Werten mit denen der Organisation übereinstimmen. Dies scheint, wenn auch nicht auf den ersten Blick, die Führungskraft zu einer Art Agitator bzw. Propagandist im modernen Stil werden zu lassen. In seinen Grundzügen ähnelt das Führungsverhalten nun den Führungsattributen, die bereits Anfang des zwanzigsten Jahrhunderts praktiziert wurden. Allerdings ist dieses Führungsverhalten ist in seiner Ausgestaltung wesentlich subtiler.

Während früher ein Befehl erteilt und kompromissloser Gehorsam erwartet wurde, scheint es nun bedeutungsvoll zu sein, den Befehl so „zu verpacken", dass die gehorsame Realisierung von der ausführenden Person als Verknüpfung zum eigenen Ziel gesehen wird. Somit ist ein „Verweigerungsverhalten" nicht zu erwarten. Allerdings entsteht daraus eine Doppelaufgabe für die Führungskraft: die Organisationsziele mit den individuellen Bedürfnissen des Teams zu kombinieren, um die Globalziele der Organisation zu erreichen.

Es entsteht eine Führung von unten, bei der die Mitarbeiter, die vorgesetzte Person zu führen scheinen. Sie initiieren und gestalten den Einfluss auf die Führungskraft. Deutlich zu erkennen sind hierbei Elemente des Laissez-faire-Führungsstils. Mitarbeiter genießen scheinbare Handlungsfreiheit. Die autonome Kraft des Teams lässt für die Führungskraft nur wenig Spielraum für alternative Führungsmethoden.

Diese Art des „autoritätslosen Führens" birgt ein hohes Maß an Gefahrenpotential für die Organisation. Freiheiten, die die Mitarbeiter besitzen, könnten ausgenutzt werden. Oder schlimmer: Das System wird überfordert und es kommt so zu Führungslosigkeit.

„Vertrauen ist gut - Kontrolle ist besser" sagt eine Redensart, die auf diese Situation zutreffend ist. Falsch genutzte Freiheiten bzw. die potentiellen Überforderungen des Teams können die Ziele der Organisation in Gefahr bringen. Durch die „reduzierte Autorität" der Führungskraft sind Korrekturen nur schwer möglich, weil sich die Mitarbeiter an die neu gewonnenen Privilegien gewöhnt haben.

Durch die verlorene Autorität geht also auch Kontrolle verloren, die bei der Führung von Menschen nicht unbedeutend ist.

Subsumiert kann bis zu diesem Zeitpunkt festgestellt werden, dass die autoritäre Funktion der Führung auf ein immer geringeres Maß abnimmt. Personal bekommt immer mehr Freiheiten und die Risiken für eine minimierte Zielerreichung der Organisationen steigen. Diese Entwicklung scheint in den 2010er Jahren ein gewisses Maß an Aufmerksamkeit zu erregen, denn *„(...) durch Interaktion vermittelte Ausrichtung des Handelns von Individuen und Gruppen auf die*

*Verwirklichung vorgegebener Ziele; beinhaltet asymmetrische soziale Beziehungen der Uber-
und Unterordnung.* " (vgl. Maier/ Baftscher, 2013 in Blessin/ Wick, 2014,5.27).

Anhand dieser These ist zu erkennen, dass die im Vorfeld beschriebene Liberalisierung der
Führung das Gefahrenpotential für Organisationen maximiert.

Durch den asymmetrischen Verlauf der Verwirklichung der organisationalen Ziele im Vergleich zu sozialen Beziehungsgeflechten innerhalb der Organisation ist abzusehen, dass Führung eine Reorganisation von Autorität erzwingt.

Die Führungsautorität nahm im Laufe der Zeit stark ab. Dies kann Unzufriedenheit der Mitarbeiter
und der Führungskräfte zur Folge haben. Wie sich zeigt, sind die Unternehmen in heutiger Zeit,
häufig nur schwer in der Lage, die organisationalen Ziele durch kooperative Führung zu erreichen. Durch die erhöhten Anforderungen an die Mitarbeiter ist eine autoritäre Führung auch
im Hinblick auf die Führungskräfte selbst, als unverzichtbares Mittel anzusehen.

Wie ist die Zukunft der Führung anzusehen? Was macht die Generation aus, die künftig am
Arbeitsmarkt zur Verfügung steht und inwiefern stehen absehbare gesellschaftliche Einflüsse
dem Grad der Autorität in der Führung gegenüber?

Offensichtlich ist der heutige Arbeitsmarkt durch einen Fachkräftemangel gekennzeichnet.
Diese Feststellung stützt regional abgrenzbarer Gebiete, in der die Zahl der benötigten Arbeitskräfte die des verfügbaren Personals übersteigt. Dies bezieht sich auf Arbeitskräfte jegli-
chen Bereiches (vgl. Kettner, 2012, S. 15f.)

Der Fachkräftemangel ist vor allem auf sinkende Geburten zurückzuführen, der einen Aus-
gleich ausscheidender Mitarbeiter erschweren kann. In den nächsten zehn Jahren wird die
Erwerbsbevölkerung in Deutschland auf ein für Organisationen deutlich spürbares Maß sinken
(vgl. Arnold, 2012, S. 10). Um diese Ressourcen gewinnen und halten zu können, müssen Unternehmen künftig eine Organisation zur Verfügung stellen, die sicherstellt, dass ein
reibungsloser Arbeitsablauf gewährleistet ist.

Diese Ansprüche stellen die Frage, wie Personal in Zukunft geführt werden sollte. Um hierzu
valide Aussagen treffen zu können, ist zu klären, was die aktuelle Generation an Mitarbeiter von
einem potentiellen Arbeitgeber verlangt.

Faktoren wie Standort und kollegiales Arbeitsumfeld wurden seitens der Unternehmen in ihre
Wichtigkeit unterschätzt (vgl. Kienbaum, 2009, S. 3ff.). Dies könnte dazu führen, dass den teilweise negativen Einflüssen nicht direkt oder zu spät Beachtung geschenkt wird. Gerade in Bezug auf ein kollegiales Arbeitsumfeld sind die Kompetenzen der Führungskraft angesprochen.

Der Führung muss es gelingen, organisationsschädlichen Einflüssen entgegensteuert. Somit
ergibt sich die Frage, welche Eigenschaften eine Führungskraft zur vollen Erfüllung ihrer Aufgaben mitbringen sollte.

Anforderungen an die Führungskräfte von heute

Eine Führungskraft sollte zunächst eine Vorbildfunktion für die ihr unterstellten Mitarbeiter
erfüllen. Der gesellschaftliche Wandel im Hinblick auf schwindende Werte in der Einstellung
zur Arbeit; also der Trend hin zur Integration von Freizeitinteressen in die Arbeit, bzw. deren
Vorrang zur Arbeit, sollte von Führungskräften derart umgewandelt werden, indem sie ihren

Mitarbeitern zeigen, dass das gemeinsame Erreichen von Organisationzielen motivierende Aspekte beinhaltet und das Netzgefüge in der Organisation stärken kann.

Ferner hat die Führungskraft Durchsetzungskompetenz zu zeigen, ohne dabei wie ein „Herrscher" zu wirken.

Durch den Einbezug von Arbeitsmotiven und einem erhöhten Autoritätsgrad hat die Führungskraft die Möglichkeit, verlorene Arbeitszufriedenheit wiederherzustellen.

Anforderungen an die Führungskräfte von morgen

Die Führungskraft 2015 kann bildhaft als „Gärtner" angesehen werden. Sie hat die Aufgabe, sich mit dem „Wachsen" der ihr anvertrauten „Pflanzen" (Mitarbeiter und Organisation) zu beschäftigen und dieses Wachstum im Gleichgewicht zu halten. Führung und Partizipation sind die Grundlagen hierfür (vgl. Lang, Rybnikova, 2014, S. 27).

Darüber hinaus kommt es darauf an, dass die Führungskraft in ihrer „metaphorischen Gärtner-rolle" die richtigen Samen an den richtigen „Fleck Erde" aussähen, d. h., die richtigen Mitarbeiter mit den richtigen Aufgaben betrauen, die in Ressourcenkompetenz liegen und anderen Mitarbeitern andere Aufgaben zuweisen, sodass jeder im Rahmen der jeweiligen Fähigkeiten produktiv an einem optimalen Gesamtergebnis arbeiten kann, damit sowohl ökonomische und nichtökonomische Ziele erreicht werden können (vgl. ebd. S. 29).

Führung sollte künftig als eine Mischung aus drei Faktoren verstanden werden: Autorität, Fordern und Fördern.

Dabei sind die Dimensionen aus zwei Sichten zu betrachten: Mitarbeiterebene und Führungsebene.

Mitarbeiter sollten eine starke Führungsperson haben, die mit einem guten Vorbild vorangeht und die Richtung weist, in die die Gruppe gehen soll. Dabei müssen sich die Geführten an ihrem Vorbild orientieren, die Autorität der Vorgesetzten akzeptieren und auch Aufgaben annehmen und bearbeiten, die nicht nur zur Erfüllung persönlicher Ziele dienen.

Förderung sollte so angelegt sein, dass sich die Mitarbeiter weiterentwickeln können. Hierbei spielen vor allem Entwicklungsperspektiven eine wesentliche Rolle.

Bei der Betrachtung des dreidimensionalen Strangs der „Führung von morgen" aus der Führungsperspektive ist anzumerken, dass Autorität nach wie vor einen hohen Stellenwert einnimmt. Der Verzicht auf Autorität und Autoritäten senkt die Leistungsfähigkeit der Organisation und gefährdet elementare und globale Ziele.

Somit ist Autorität legitimes Mittel, um Unternehmen zielführend zu positionieren und Erfolg zu generieren.

7. Fazit und Ausblick

Für Margaret Thatcher (1925 – 2013) stand unbezweifelbar fest, dass Autorität der Schlüssel zum Erfolg ist. Und die Geschichte gab ihr Recht. So gelang es ihr durch „eiserne" Hand, die britische Wirtschaft zu sanieren und zu restrukturieren und so die Wettbewerbsfähigkeit der Unternehmen wiederherzustellen.

Auch wenn in den letzten Jahrzehnten die Akzeptanz der Autorität und der autoritären Führung in den Organisationen zurück gegangen scheint, bleibt festzuhalten, dass auf autoritäre Führung nicht verzichtet werden kann und darf. Wie sich jedoch zeigt, sind die Methoden der Führung andere geworden.

So tritt mehr und mehr an die Stelle des „Peitsche schwingenden" Vorgesetzten der argumentierende und damit manipulierende Manager. Und dies gilt in besonderem Maße in einer Zeit, in der durch die jungen Generationen, welche mehr und mehr im Arbeitsmarkt ankommen. Bei aller Akzeptanz neue, integrativer Führungsformen müssen die Organisationen wettbewerbsfähig bleiben und somit in der Lage sein, sich globalen Herausforderungen stellen zu können.

Autorität kann einen effektiven Schlüssel darstellen, um wieder mehr Struktur- und Prozessqualität für Unternehmen und Personal zu erreichen.

Monographien

Arnold, H. (2012): Personal gewinnen mit Social Media. Die besten Strategien für Ihr Bewerbermarketing im Web 2.0, Freiburg, Haufe-Lexware 2012

Berthel, J./ Becker, F. G. (2010): Personal-Management. Grundzüge für Konzeptionen betrieblicher Personalarbeit, 9. vollständig überarbeitete Auflage, Stuttgart, Schäffer-Poeschel 20 1 0

Blake, R. R/ Mouton, J.S. (1990): Verhaltenspsychologie im Betrieb. Der Schlüssel zur Spitzenleistung. 3. Auflage, Düsseldorf, Econ Verlag 1990.

Blessin. B./ Wick, A. (2014): Führen und führen lassen, 7. Auflage, Konstanz und München, IIVK Verlagsgesellschaft 20 1 4

Rosenstiel, L. von (2010): Motivation im Betrieb. Mit Fallstudien aus der Praxis, 11. überarbeitete und erweiterte Auflage, Leonberg, Rosenberger Fachverlag 2010

Sennett, R. (2012): Autorität, 2. Aufl., Berlin, Berlin Yerlag2012

Sprenger, R. (2014): Mythos Motivation. Wege aus einer Sackgasse, 20. aktualisierte Auflage, Frankfurt am Main, Campus Verlag 2014

Internetquellen

Einemann, K. (2002): Zufriedene Mitarbeiter als Erfolgsrezept. URL: http://www.stern.del-wirtschaft/job/studie-zufriedene-mitarbeiter-als-erfolgsrezept32329 l.html, Abruf am 23.1 1.2014.

Soziologie heute (2008): Typen legitimer Herrschaft bei Max Weber. LIRL: http.llsoziologieheute.wordpress.com/2008 112l2SlIypen-legitimer-herrschaft-bei-max-weber/, Abruf am 23.08.2014.

Corporate Governance: between the stick of law and the carrot of ethics

Malek Alsharairi
Associate Professor of Accounting and Finance
School of Management and Logistic Sciences
German Jordanian University

Corporate governance is viewed among the key pillars of corporate sustainability and long-term corporate success. However, the significance of its role does substantially vary with the corporate ownership and control and the sophistication of business environment in which corporations operate. In other words, the sensitivity of stakeholders towards corporate governance depends on how developed the capital market is, how the corporation is financed and how power is allocated among stakeholders.

Indeed, corporate governance is not a luxury but a crucial business element on the long run. There is a universal agreement on the vital role of corporate governance in economic growth, nonetheless, there is no universal agreement on how corporate governance should be advocated, implemented and enforced. Perhaps this is due to the wide variation in the nature of business environments around the globe. Should corporate governance practices be statutory? Should corporate governance be self-regulated? Who should punish corporations for incompliance with the corporate governance practices? Is it authorities or the market participants?

Corporate governance from an agency theory perspective

Considering the concept of corporate governance is needed to respond to the many questions raised above. The term of corporate governance is clearly linked to the corporate form of business, which exploded during the industrial revolution. Hence, the early literature on the corporate form of business is very relevant to understand the rationale and the need for corporate governance.

In their 1932 book "*The Modern Corporation and Private Property*", Berle and Means describe how the separation of ownership and control in firms, and hence the conflict of interests, becomes greater with the firm growth. A small proprietorship that is fully owned and managed by its founder suffers no conflict of interest until the firm grows and the founder seeks additional finance and hires more labor to run the firm. Since the early creation of the corporate form of business, where business owners (principals) and business management (agents) are two separate parties, a threat described as a "moral hazard" has been anticipated and observed, given the way a corporation is run. For instance, in the 18th century, Adam Smith (1776) described the arising agent-principal problem, in his famous book, "*An Inquiry into the Nature and Causes of the Wealth of Nations*", by stating that:

"It is the interest of every man to live as much at his ease as he can; and if his emoluments are to be precisely the same, whether he does or does not perform some very laborious duty, it is certainly his interest, at least as interest is vulgarly understood, either to neglect it altogether, or, if he is subject to some authority which will not suffer him to do this, to perform it in as careless and slovenly a manner as that authority will permit."

Further, Jensen and Meckling (1976) in their seminal paper "*Theory of the Firm, Managerial behavior, agency costs and the capital structure*", explain that the agent- principal problem arises once the agent signs a contract to manage the business owned the principal, where eventually the agent may not perform to the best interest of the principal. Instead, the agent may seek his own interest and eventually the survival of business within such form would be questionable.

How viable is it doing a long-lasting business in the form of corporation given its inherent organizational threats? Is it possible to eliminate the conflict of interests among stakeholders in corporations? In fact, the sustainability of the corporate form of business requires a strategy to mitigate the conflict of interests and to protect the interests of the different parties. Such strategy should constitute of mechanisms and tools not only to protect the principals, but also all involved stakeholders.

Corporate governance concept and principles

In one of the first codes of corporate governance in the world, Cadbury Report (1992), corporate governance is defined as "the systems by which companies are directed and controlled". However, corporate governance is broadly viewed as the processes by which the providers of corporate finance (shareholders and creditors) are protected. For instance, Andrei Shleifer and Robert Vishny (1997) clearly define corporate governance as "the ways in which suppliers of finance to corporations assure themselves of getting a return on their investment". No one can argue to neglect the risk assumed by corporate shareholders and debtholders given their sunk funds. Nevertheless, this view is not sophisticated enough to consider corporate stakeholders at large, such as employees, customers, suppliers and others. The structure and principles of corporate governance are supposed to analyze how the rights, responsibilities and the conflict of interests are delineated among the different participants.

Marc Georgen and Luc Renneboog (2006) stress that such corporate governance definitions, which focus on the interests of the finance providers, reflect the orientation of the typical Anglo-American publicly listed corporations. They provide a definition that allows for the differences among firms in terms of key actors and their respective interests as follows:

"Corporate governance system is the combination of mechanisms which ensure that the management (the agent) runs the firm for the benefit of one or several stakeholders (principals). Such stakeholders may cover shareholders, creditors, suppliers, clients, employees, and other parties with whom the firm conducts its business."

Whatever the adopted definition of corporate governance was, it is implied that corporations practically need to dedicate part of its resources to instill the best practices of corporate governance and to guarantee an effective compliance. However, corporations should remember that good corporate governance is not an end in itself, OECD Secretary-General Angel Gurria stressed. In her key note at the *G20 Finance Ministers and Central Bank Governors Meeting 2015*, she prompts that corporate governance is just a means to establish both market confidence and business integrity, which are vital for future oriented growth companies as they seek access to long term capital. Further, she argued that corporate governance is a key element of trust and confidence in corporate investment, which is a crucial driver for the global economic growth. As a result of the growing interest in corporate governance by the international community, OECD developed in 1999 a set of corporate governance principles and it was last updated in 2015. The principles are to act as an international reference point and as an effective tool for implementation. The principles are offered in six chapters: 1) Ensuring the basis for an effective corporate governance framework; 2) The rights and equitable treatment of shareholders and key ownership functions; 3) Institutional investors, stock markets, and other intermediaries; 4) The role of stakeholders; 5) Disclosure and transparency; and 6) The responsibilities of the board. These principles do not contain sharp rules for corporations to comply with. Instead, they function as a benchmark that is broadly used by policy makers in many countries around the world to develop their own corporate governance regulations, codes or guides of best practices. Indeed, the offered principle-based approach in developing a framework for corporate governance is necessary as there is no single model of good corporate governance that fits all corporations, jurisdictions or business cultures.

Corporate governance systems and mechanisms

As discussed above, good corporate governance is reliant on the effectiveness of the available devices to mitigate the anticipated conflicts of interests in corporations. Generally speaking, the intensity of rivalry among corporations in the same industry leaves a positive impact on corporate governance by reducing the conflicts of interests regardless to any other factor. In addition, different types of agency problems may require different corporate governance mechanisms. There is "no one size fits all" for a sound corporate governance structure.

Specifically, variations in corporate ownership and control create different types of agency problems that need to be eventually tackled. In corporations that have a dispersed ownership structure, where a weak control by shareholders is observed, such as most corporations in the US and UK, the main conflict of interests is between shareholders and managers. In contract, corporations with a concentrated ownership structure, where a strong control by a shareholder or a few shareholders is observed, such as most corporations in continental Europe and Asia, the main conflict of interests is between the controlling shareholders and the minority. Furthermore, if the capital structure of the corporation is heavily dependent on debt, then the main conflict of interests is between shareholders and debt holders. In fact, the variation in the ownership and control is influenced by the dominant financial system of the economy, in which firms are incorporated and listed. Internationally, the types of financial systems evolve between a market-based system (Anglo-American), where firms rely on efficient capital markets to get a finance through issuing financial instruments, and a bank-based system (most Europe and Asia), where firms normally approach banks and financial institutions to get finance resulting in a concentrated ownership structure.

A useful classification for the corporate governance systems is the "insider versus outsider" systems, in order to understand the effectiveness of corporate governance mechanisms within different contexts (Georgen 2012). The "insider system" is represented by two corporate governance mechanisms; the vigilant monitoring of management by both debtholders and large shareholders. The mechanisms of the insider system seem to be available and effective in continental Europe and Asia, where bank-based financial system is dominant and corporate ownership and control are concentrated within one or more large shareholders. In such cases, banks and large shareholders have sufficient economic incentives to use their resources to carefully monitor corporate management. The "outsider system" consists of a combination of mechanisms that are necessary and more effective to discipline and incentivize corporate management when it is not well monitored in the absence of strong debtholders and large shareholders. Therefore, the outsider system plays a crucial role in maintaining good corporate governance in corporations that operate in a market-based financial system where corporate ownership and control is dispersed and weak such as in the Anglo-American model. The mechanisms of the outsider system include the threat of takeover, high dividends payouts, institutional toehold, shareholders' activism, performance-based managerial remuneration and managerial ownership.

Corporate governance implementation: implications for policy makers

Despite the universal agreement on the important role of corporate governance in business sustainability and promoting economic growth, the implementation of its best practices varies. A soft law approach or an "ethics-like code" is widely adopted since it was first introduced by the UK code of corporate governance and known as "comply or explain" approach. Indeed, this approach has become the trademark of the UK's code as it has been in operation since the UK beginnings in 1990s marking its flexibility. The soft law approach is strongly supported by both companies and investors in the UK and has been widely adopted internationally, for example, in Germany, Austria, Belgium, Brazil, Australia, Egypt, Bahrain and Jordan.

The "comply or explain" system offers flexibility to companies, which can choose between complying with its principles or explaining why they do not. Within such a framework, corporate governance is viewed more like corporate ethics or even as part of corporate social responsibility (CSR). This view is supported in the literature which considers that corporate governance is becoming an integral aspect of CSR that provides "more solid foundations on which broader CSR principles and business ethics can be further enhanced" (Walsh and Lowry, 2005). Accordingly, corporate governance is not only about shareholders' perspective, value and interests, but also about the overall corporate social responsibility towards environmental aspects, labor and consumer obligations of the company as well as about complying with the legal requirements. Further, the "comply or explain" approach allows companies to use corporate governance as a tool to reduce the cost of capital. If complying with the corporate governance best practices is not mandatory but a company's decision, then a compliant can send a positive signal to the suppliers of capital to increase their trust. Accordingly, the company reduces risk and the cost of capital.

In contrast, some regimes adopt a "statutory" system of corporate governance such as the Sarbanes-Oxley law in the US. This mandatory approach of implementing corporate governance requires a rigid implementation of a specific set of rules. Some would view this system as efficient and protective to the stakeholders as it does not leave much room for corporations to choose which corporate governance practices to implement and which ones to ignore. However, others believe that statutory approach would lead companies to a "cosmetic" application of corporate governance practices that would fail to allow for necessary variations from the rule and would not eventually lead to a greater investors' trust (Arcot et al, 2010). It is also argued that the flexibility offered by the "comply or explain" system would encourage companies to adopt the substance of the corporate governance code, rather than the letter.

The flexibility of the soft law is an advantage because corporations operating within different financial systems, different corporate ownership and control and different types of conflicts of interests require different mechanisms for an effective corporate governance and business sustainability. However, in a business culture and environment where market participants and finance suppliers are still insensitive to corporate compliance or incompliance to the best practices of corporate governance, corporations tend to be careless or cosmetic about compliance since they are neither punished by the market nor by the regulatory authorities.

As suggested earlier, in corporate governance there is "no one size fits all" and this should be carefully considered by the regulators especially in the developing countries when regulating corporate governance since developing countries tend to follow already existing models at a different part of the world. For example, Jordan, which is a developing country, has adopted initially the UK approach of the soft law since 2004 by developing the checklist ethics-like code of corporate governance, where compliance is not mandatory under a comply or explain basis. Jordan Securities Commission and Amman Stock Exchange created the first edition of the Jordanian Code of Corporate Governance, which consisted of five chapters including definitions of key terminology; an overview of the board's structure and responsibilities; shareholder general meetings; shareholders' rights; and guidelines for financial disclosures along with a conceptual framework for accountability and auditing. Besides, Jordan has a set of related regulations including Companies Law, Securities Law and the Instructions and Regulations of the Capital Market Institutions. Eventually, the comply or explain approach of corporate governance has not led to the desired results and the Jordan's Securities Commission issued a new regulation effective July 2017 to convert corporate governance from an ethics-like code into a statutory law.

References:
Arcot, S., Bruno, V., and Faure-Grimaud, A. (2010). Corporate governance in the UK: Is the comply or explain approach working?. *International Review of Law and Economics, 30*(2), 193-201.
Cadbury, A. (1992). Cadbury report: The financial aspects of corporate governance. *Tech report, HMG, London.*
Jensen, M. C., and Meckling, W. H. (1976). Theory of the firm: Managerial behavior, agency costs and ownership structure. *Journal of financial economics, 3*(4), 305-360.
Berle, A., and Means, C. (1932). *The Modern Corporation and Private Property, 45.*
Georgen, M. (2012). *International Corporate Governance.* Pearson.
Goergen, M., and Renneboog, L. (2006). Corporate governance and shareholder value. *Commercial Management of Projects: Defining the Discipline*, 100-131.
Faure-Grimaud et al. (2005). Corporate Governance in the UK: is the Comply-or-Explain Approach Working? *Corporate Governance at LSE Discussion Paper Series. No 001.*
Shleifer, A., and Vishny, R. W. (1997). A survey of corporate governance. *The journal of finance, 52*(2), 737-783.
Smith, A. (1776). *The wealth of nations.* NY Mod. Libr.
Walsh, M. and Lowry, J. (2005). *CSR and Corporate Governance.* Ramon Mullerat (ed.) Corporate Social Responsibility: The Corporate Governance of 21st Century (2005).